本著作受上海工程技术大学学术著作出版专项资助

网络定向广告
信息推荐质量研究

Research on Quality of Online Targeted Advertising
Information Recommendation

朱 强 著

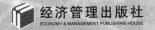

经济管理出版社
ECONOMY & MANAGEMENT PUBLISHING HOUSE

图书在版编目（CIP）数据

网络定向广告信息推荐质量研究/朱强著 . —北京：经济管理出版社，2020. 5
ISBN 978-7-5096-7103-0

Ⅰ. ①网…　Ⅱ. ①朱…　Ⅲ. ①网络广告—研究　Ⅳ. ①F713. 852

中国版本图书馆 CIP 数据核字（2020）第 075128 号

组稿编辑：郭丽娟
责任编辑：任爱清
责任印制：黄章平
责任校对：陈晓霞

出版发行：经济管理出版社
　　　　　（北京市海淀区北蜂窝 8 号中雅大厦 A 座 11 层　100038）
网　　址：www. E-mp. com. cn
电　　话：（010）51915602
印　　刷：北京玺诚印务有限公司
经　　销：新华书店
开　　本：720mm×1000mm/16
印　　张：12. 5
字　　数：204 千字
版　　次：2020 年 6 月第 1 版　　2020 年 6 月第 1 次印刷
书　　号：ISBN 978-7-5096-7103-0
定　　价：68. 00 元

前　言

随着互联网技术的快速发展，越来越多的消费者将时间、精力和金钱花费在互联网上，通过使用互联网搜寻产品信息，进而做出购买决策。作为互联网产业主要支柱的网络广告迅速发展起来。由于传统网络广告受到自身缺陷（如广告内容关联度低、广告形式不恰当）、受众消极态度和评价等因素的影响，广告点击率下降已成为严重阻碍传统网络广告发展的主要因素。

数据分析和挖掘等信息技术的不断发展和应用，使广告运营商能够对消费者的网络信息数据进行收集、分析和使用。这就使向消费者推送与其浏览记录、位置等相关的产品或服务信息的定向广告迅速成为网络广告发展趋势。网络定向广告是充分利用数据挖掘技术获取网络消费者的信息数据，并使用数据分析技术预测消费者偏好，进而向消费者推送与其偏好相匹配的产品信息的新型广告。由于能够将最合适的内容推荐给最合适的人，因此，网络定向广告能够满足消费者的信息收集需求，降低信息搜寻成本，满足消费者诉求。

网络定向广告使广告行业由以往的大众营销模式转变为精准营销模式。近年来，借助于大数据和移动互联网技术的迅速发展，社交媒体定向广告、电商平台定向广告、门户网站定向广告等具有场景性的网络定向广告已占据互联网广告的主导地位。虽然网络定向广告解决了传统网络广告内容相关性低的弊端，但也带来了触发消费者隐私关注等新问题。如何从消费者的视角系统地提升网络定向广告信息推荐质量，成为阻碍网络定向广告发展的新问题。

随着网络定向广告在业界的快速发展，相关理论研究也不断涌现，网络定向广告已成为消费者行为学、市场营销学、信息系统、计算机科学和传播学等研究领域的重要研究问题。第一，信息系统和计算机科学研究领域内的学者多是探索如何通过优化定向技术和算法模型来提升定向广告效果（郭心语等，2013），缺乏对消费者心理层面的关注，这就很可能导致网络定向广告运营商和技术人员所认为具有技术创新的定向广告反而出现消费者点击意愿低的悖论。第二，消费者行为学和市场营销学领域内的学者，从消费者心理层面的视角出发，仅从网络定向广告个性化水平、信息收集公开化等单一特征探索其对消费者态度、行为意向的影响。第三，现有文献关于消费者对网络定向广告响应的研究不够深入，多数学者认为，消费者对网络定向广告的采纳主要是基于推荐内容的信息有用性感知和信息易用性感知。与感知易用性和有用性相比，消费者价值感知能够更加准确地预测消费者信任、意愿和行为。这是因为只有当消费者处于理性价值感知和感性价值感知并存情境下，消费者才会对网络定向广告产生持续性信任、意愿和行为。

　　鉴于上述分析，为弥补研究薄弱环节，本书以消费者对网络定向广告认知和影响因素为切入点。从消费者心理层面出发，整合性地解析网络定向广告信息推荐质量的内涵，并探究网络定向广告信息推荐质量对消费者响应的影响机制。具体来说，就是讨论以下两个问题：一是从消费者心理和认知层面探索，何谓网络定向广告信息推荐质量，其又包含哪些维度；二是网络定向广告信息推荐质量对消费者响应会产生何种影响，其作用机制是什么，是否会受到消费者特征的调节性影响。需要指出的是，本书中将消费者响应分为代表消费者短期响应的广告点击意愿和代表消费者长期响应的持续使用意愿两个响应类型。为了解答上述问题，首先，采用了定性研究方法，明确了网络定向广告信息推荐质量的内涵和结构维度，及其对消费者响应的影响机制，并提出相关研究假设。其次，采用问卷调查法获取了550份样本数据，并使用多元逐步线性回归（MSR）和结构方程模型（SEM），对研究假设进行了实证检验。得出以下五点研究结论：

　　（1）界定了网络定向广告信息推荐质量的内涵。通过对网络定向广告核心特征的二元性分析，本书认为，网络定向广告信息质量是消费者对所感知到的网络定向广告信息推荐服务的整体性评价。

　　（2）明确了网络定向广告信息推荐质量的结构维度。采用扎根理论的质性研究方法，明确了网络定向广告信息推荐质量的结构维度，即精准性、生动性和安全性。其中，精准性是指网络定向广告信息与其需求、偏好等的匹配程度；生动性是指网络定向广告展示形式的创意性和展示内容的相对优势程度；安全性是指网络定向广告在对消费者个人数据的收集、使用和分析过程中，对消费者信息数据的安全保障程度。

（3）网络定向广告信息推荐质量对消费者响应存在显著的正向影响，且不同维度发挥不同的作用。安全性是消费者对广告点击和持续使用的保障因素，而精准性和生动性是消费者对广告点击和持续使用的触发因素。

（4）网络定向广告信息推荐质量通过消费者价值感知、消费者信任的直接效应作用于消费者响应。具体结论包括四个方面：①网络定向广告信息推荐质量的精准性和生动性对消费者功能性价值感知存在显著的正向影响，但安全性对消费者功能性价值感知并不存在显著影响。②网络定向广告信息推荐质量的精准性、生动性和安全性对消费者情感性价值感知皆存在显著的正向影响。③通过实证分析中的进一步讨论发现，在网络定向广告情境下，消费者功能性价值感知对广告点击意愿存在显著的直接效应，且消费者信任起到了部分中介的作用；消费者功能性价值感知对广告持续使用意愿不存在直接效应，只能通过消费者信任的中介作用来实现。④消费者情感性价值感知对广告点击意愿不存在直接效应，只能通过消费者信任的中介作用来实现；消费者情感性价值感知对广告持续使用意愿存在显著的直接效应，且消费者信任起到了部分中介作用。

（5）消费者说服知识水平在精准性与消费者价值感知（功能性价值感知和情感性价值感知）关系中起到正向调节作用。这意味着，消费者所拥有的说服知识水平越高，对网络定向广告的信息推荐运行机制和技术越熟悉，精准性对消费者价值感知所发挥的作用也就越大。

综上所述，本书从消费者心理和认知层面出发，探索性地界定了网络定向广告信息推荐质量的内涵和结构维度，并且揭示了信息推荐质量对消费者响应的影响机制。本书主要有以下三个创新点：第一，整合性地提出了网络定向广告信息推荐质量，明确了其结构维度，并进行了量表开发。第二，揭示了网络定向广告信息推荐质量对消费者响应的影响机制。第三，发现了在网络定向广告情境下，消费者功能性价值感知和消费者情感性价值感知对消费者响应（包括广告点击意愿和持续使用意愿）有着不同的作用路径和机制。本书不仅充实了网络定向广告的相关研究,增强了研究薄弱环节,也丰富了消费者行为学、市场营销学、信息系统、计算机科学和传播学等多个研究领域的相关文献。研究结论不仅为后续研究提供了一定的理论基础,也为广告运营商和企业提供了管理启示和实践指导。

朱 强

2020 年 4 月

目　录

第一章 绪 论

第一节 研究背景

一、实践背景

2018 年 1 月 31 日，中国互联网络信息中心（China Internet Network Information Center，CNNIC）发布第 41 次《中国互联网络发展状况统计报告》。报告显示，截至 2017 年 12 月，我国网民规模达 7.72 亿人，互联网普及率为 55.8%，我国手机网民规模达 7.53 亿人，所占比例达到 97.5%。随着互联网技术的快速发展，越来越多的居民将时间、精力和金钱花费在互联网上，通过使用互联网来搜寻产品信息，进而做出购买决策。作为互联网产业的主要支柱之一的网络广告迅速发展起来。据艾瑞咨询发布的《2017 年中国网络广告市场年度监测报告》显示，截至 2016 年底，我国互联网广告的市场规模已达 2902.7 亿元，同比增长 32.9%，并且呈现高速增长的趋势。

网络广告运营商采用不同类型的广告形式（如视频广告、门户网站横幅广告和社交媒体广告等）吸引受众，通过提高受众卷入度来保持网络广告的点击率。传统网络广告受到自身缺陷（如广告内容关联度低，广告形式不恰当）、受众消极态度和评价等的影响，广告点击率下降已成为严重阻碍传统网络广告发展的主要因素。据 eMarket 市场调研公司和 DoubleClick 广告公司的调查报告显示，传统网络广告的点击率呈现较为显著的下降趋势。截至 2015 年，传统网络广告的平均点击率低于 0.2%（李凯，2015）。

随着数据分析和挖掘等信息技术的不断发展和应用，通过对消费者的网络信息数据的收集、分析和使用，向消费者推送与其浏览记录、位置等相关的产品或服务信息的定向广告迅速成为网络广告发展的趋势。网络定向广告是充分利用数据挖掘技术获取网络消费者的信息数据，使用数据分析技术预测消费者偏好，进而向消费者推送与其偏好相匹配的产品信息的新型广告。由于能够将最合适的内容推荐给最合适的人，网络定向广告能够满足消费者的信息收集需求，降低信息搜寻成本，满足消费者诉求。网络定向广告使广告行业由以往的粗旷模式转变为精准营销模式。近年来，借助于大数据和互联网技术的迅速发展，社交媒体定向广告、电商平台定向广告、门户网站定向广告等具有场景性的网络定向广告已占据互联网广告的主导地位。

2016 年京东的客户信息泄露，导致多达千万条消费者个人隐私数据（如身份证号、银行卡信息、账户密码和邮箱等）泄露。2018 年，全球最大社交媒体 Facebook 对用户数据的泄露，直接导致了市值缩水 20%。随着层出不穷的类似的网络消费者信息泄露事件出现，消费者越来越注重个人网络信息数据的安全问题。鉴于网络定向广告是以对消费者信息数据的收集、分析和使用为技术基础，这将会触发消费者的隐私关注和忧患等，应提升隐私风险感知（朱强和王兴元，2018）。另外，据艾瑞咨询集团发布的《2016 年中国网络广告用户行为研究报告》显示，广告内容相关性认知（占比 38.4%）和广告展现形式感知（占比 33.6%）也是影响中国网络用户对网络广告态度的重要因素。虽然网络定向广告解决了传统网络广告内容相关性低的弊端，但是也带来触发消费者隐私关注等新问题。如何从消费者的视角系统地提升网络定向广告信息推荐质量，成为阻碍网络定向广告发展的新问题。

二、理论背景

随着网络定向广告在业界的快速发展，相关理论研究也不断涌现，网络定向广告已成为消费者行为学、市场营销学、信息系统、计算机科学和传播学等研究领域的重要研究问题。网络定向广告技术、广告效果、商业模式和消费者行为等论题越来越受到国内外学者的关注。虽然国外学者对网络定向广告做出了一定的研究成果，但国内学者对于相关论题的研究尚处于起步阶段（李凯等，2015），具体的理论背景分析如下。

第一，信息系统和计算科学研究领域内的学者多是探索如何通过优化定向技术和算法模型来提升定向广告效果（郭心语等，2013），缺乏对消费者心理层面的关注，这就很可能导致网络定向广告运营商和技术人员所认为具有技术创新的定向广告反而出现消费者点击意愿低的悖论。

第二，消费者行为学和市场营销学领域内的学者，从消费者心理层面的视角出发，将个性化水平、信息收集公开化等单一维度视为网络定向广告主要特征，并探索其对消费者态度、行为意向的影响（Boerman 等，2017）。多数学者的研究结果证实与传统网络广告相比，网络定向广告的个性化水平能够提升消费者的有用性和易用性感知（Wong 等，2014）。同时，网络定向广告是以对消费者信息数据的收集、分析和使用为技术基础，这也触发了消费者的数据隐私忧患，进而提升了风险感知（Yu 等，2009）。此时消费者对网络定向广告呈现出"既爱又恨"的态度和评价。但较少的学者从网络定向广告运营商的视角，在探究如何提升网络定向广告个性化水平的同时，还能有效降低消费者的隐私风险感知的问题，这也是现有研究的空白点。

第三，现有文献关于消费者对网络定向广告响应的研究不够深入，多数文献从技术接受模型视角，探析了消费者对网络定向广告的态度和采纳意愿。多数学者认为，消费者对网络定向广告的采纳主要是基于推荐内容的信息有用性感知和信息易用性感知。与感知易用性和有用性相比，消费者价值感知能够更加准确地预测消费者信任、意愿和行为。这是因为只有当消费者处于理性价值感知和感性价值感知并存情境下，消费者才会对网络定向广告产生持续性信任、意愿和行为。已有学者从功能性价值感觉的视角，研究了网络定向广告对消费者感知价值的作用机制（康瑾和郭倩倩，2015）。但是，学者忽视了网络定向广告内容对消费者需求、偏好的外显作用，这也就导致学者较少关注网络定向广告的象征性和自我表达等情感价值感知。从现有文献来看，只有 Summers 等（2016）探究了网络定向广告内容消费者偏好外显对消费者自我认知的作用。Summer 等（2016）指出，虽然网络定向广告对消费者特征的外显能够影响消费者购买决策，但未对自我特征外显如何影响消费者的其他消费行为需做出进一步的探索。结合实践，本书认为，自我特征外显还能够起到自我表达等情感性价值，这也是现有研究未曾关注的空白点。

第二节 研究意义

一、理论意义

由实践和理论背景的分析可知，现有研究并未从系统性的视角出发，探索网络定向广告如何能够在保障消费者隐私数据安全感知的情况下，使消费者获得满意的信息服务。同时，网络定向广告特征对消费者响应影响机制问题还有待完善。因此，本书深入研究网络定向广告信息推荐质量对消费者的广告响应的影响机制和边界，对于网络定向广告的相关研究具有一定的理论意义。

第一，丰富了网络定向广告信息服务质量的相关研究。本书整合性地提出网络定向广告信息推荐质量的概念，明确其结构维度。网络定向广告信息质量是消费者对所感知到的网络定向广告信息推荐服务的整体性评价。并且网络定向广告信息推荐质量包括精准性、生动性和安全性三个维度。网络定向广告的信息推荐质量外显于精准性，生动性是信息推荐质量的内在要求，安全性是信息推荐质量的内隐条件。

第二，为网络定向广告的定向技术和模型优化提供了消费者行为学的理论依据。计算科学领域的学者多是从定向技术和模型优化方面来探索如何提升广告效果的，忽略了消费者心理层面的作用。本书通过对网络定向广告信息推荐质量的分析，认为定向技术和模型优化不应只局限于行为定向、属性定向、地理位置定向等精准性的提升。技术研究者更应考虑在创意的广告展现形式和保障数据安全基础之上，对定向技术和算法的优化，以全面提升网络定向广告的信息推荐质量。

第三，推进了网络定向广告特征对消费者响应作用机制研究。以往消费者对网络定向广告响应形成机制的研究大都集中于感知有用性和感知易用性等功能性价值感知，忽视了情感性价值感知对消费者响应所发挥的重要作用。本书理论假设并实证验证了具有高信息推荐质量的网络定向广告，既能提升消费者功能性价值感知，又能提升消费者情感性价值感知，通过消费者信任最终影响到消费者的广告响应。这在一定意义上推进和丰富了网络定向广告特征对消费者响应的影响机制的研究。

二、现实意义

本书在指导网络定向广告运营商和企业对广告优化与发展趋势方面有着较为重要的现实意义,具体分析如下:

第一,为未来网络定向广告的信息推荐服务质量提升指明了方向。对消费者而言,网络定向广告的价值不在于何种定向技术,而在于身份营销服务。网络定向广告在未来发展中,应由广告提供者向个人信息服务助手的角色转变。网络定向广告运营商应从消费者对广告信息推荐服务评价的视角,全面提升信息推荐质量的精准性、生动性和安全性。通过具备高信息推荐质量特征的网络定向广告,展开定向管理、情景对话、数据安全保障,由以广告主和企业为中心向以消费者为中心进行转变。

第二,为网络定向广告全面提升信息推荐质量提供了策略支持。首先,企业应更多地考虑消费者心理层面的因素,以提升网络定向广告的精准性。其次,企业也可以将定向技术应用于网络定向广告展示形式上,以提升网络定向广告的精准性。最后,网络定向广告在提升消费者隐私数据收集和保障措施的同时,也应采取策略来减少消费者对安全性的认知偏差。

第三,为网络定向广告提升消费者价值感知提供了营销策略支持。本书发现,消费者价值感知在网络定向广告信息推荐质量对消费者响应的影响机制中起到承前启后的重要作用。此时,网络定向广告运营商应充分挖掘消费者对高信息推荐质量网络定向广告的价值感知所发挥的作用。

第三节 研究内容和研究框架

一、研究内容

依据"发现问题—分析问题—解决问题"的研究思路,本书的研究内容分为八章,具体章节内容安排如下:

第一章为绪论。首先，通过对理论背景和实践背景的阐述，提出研究问题；其次，阐述研究内容、技术路线图和研究方法；最后，对创新点进行了总结。

第二章为文献综述。通过对网络定向广告研究的现有文献收集与整理，从网络定向广告特征、消费者特征、消费者对网络定向广告响应、消费者价值感知、消费者信任五个不同的角度展开了相关研究文献的梳理和评述。最终，评述了前人的研究成果，指出现有研究的不足。在此基础上，确定了本书的研究方向和理论推演概要，为文章的后续展开打下了扎实的理论基础。

第三章为消费者对网络定向广告认知和影响因素研究。首先，对个性化营销与网络定向广告间关系进行了辨析；其次，梳理了网络定向广告的发展现状以及优势；最后，分析了消费者对网络定向广告心理抗拒和规避的影响因素。

第四章为网络定向广告信息推荐质量内涵、维度划分及量表开发研究。首先，基于理论分析，通过解析网络定向广告信息推荐质量特征，整合性地做出网络定向广告推荐质量的概念界定；其次，采用扎根理论的质性研究方法，通过逐级编码和深入思考，得到网络定向广告信息推荐质量的三维度结构模型，即精准性、生动性和安全性；最后，结合访谈记录和前人研究，采用实证性的定量研究方法开出发网络定向广告信息推荐质量量表。

第五章为网络定向广告信息推荐质量对消费者响应影响机理及研究假设分析。首先，根据前文中的文献梳理，基于刺激—机体—响应（Stimulus Organism Response，SOR）理论和技术接受模型明确研究主线，提出概念模型；其次，对概念模型进行深入的理论解释和机理分析；最后，通过理论推演，得出主要研究假设，并给出了理论模型和操作模型。

第六章为实证设计。首先，梳理本书的实证设计思路，结合本书所开发的网络定向广告信息推荐质量量表和前人所使用的成熟量表，编制预调研问卷，通过小规模访谈和预测发现问卷不妥之处，修改并形成最终调研问卷；其次，采用线上和线下两种发放方式来获取一手样本数据；最后，整理所得到的样本数据，以便进行实证检验。

第七章为实证分析。首先，使用 SPSS 20.0 和 AMOS 17.0 对样本数据进行描述性统计分析、信度和效度检验，以确保样本数据质量符合实证分析的要求；其次，使用多元线性回归（Multiple Linear Regression，MLR）和结构方程模型（Structural Equation Modeling，SEM）对文中所提出的相关假设进行实证检验；

最后，结合检验结构和理论依据修正研究假设模型，明确模型中变量间的关系。

第八章为研究结论与研究展望。通过对研究结果的梳理，得出研究结论，并指出研究结果对网络定向广告运营商、推荐技术开发人员及消费者的实践启示，给出企业针对不同价值感知的消费者应使用的具体策略。最后总结了本书的研究不足和研究局限性，同时也提出了未来研究的进展方向。

二、研究框架

基于研究内容的概述，可以得出本书的研究框架，如图 1-1 所示。

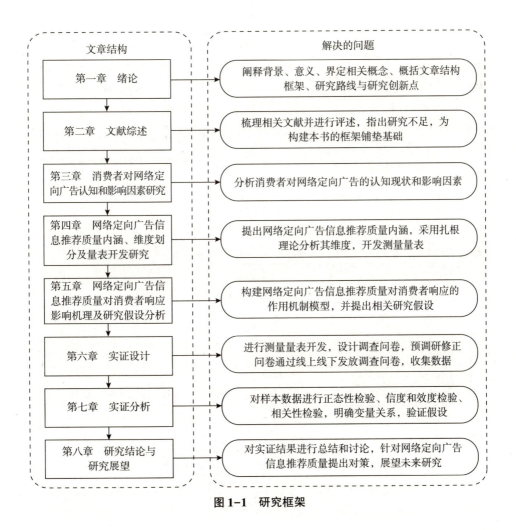

图 1-1 研究框架

第四节　技术路线和研究方法

一、技术路线

本书的技术路线如图 1-2 所示。

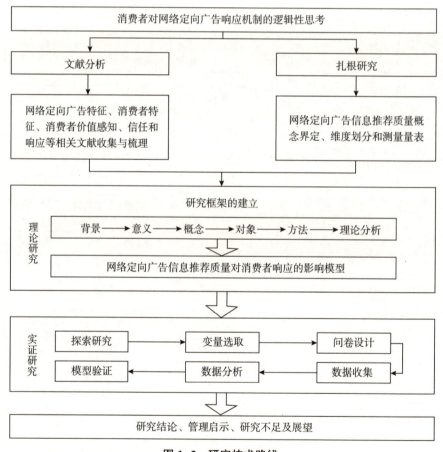

图 1-2　研究技术路线

二、研究方法

为保障解决研究问题的科学性和严谨性，本书主要应用以下三种研究方法来探析网络定向广告信息推荐质量对消费者响应的影响机制。

第一，文献分析和理论推演的研究方法。通过对核心构念的相关重要文献梳理和评述，了解与研究问题相关的前沿进展。在此基础之上，指出现有文献可能存在的不足之处，确立研究方向和理论价值。

第二，扎根理论研究方法。在对现有研究文献的梳理和评述之上，通过理论构想对网络定向广告信息推荐质量进行了概念界定。在此基础之上，以扎根理论作为质性研究方法进行了半结构化访谈。对访谈资料进行了开放性编码、主轴性编码和选择性编码共三级编码，结合深层次分析，确立了网络定向广告信息推荐质量的结构维度和内涵。

第三，统计分析法。采用问卷调查的实证研究方法，对本书的研究问题进行了定量的检验。首先，依据扎根理论所形成的结构维度和相关文献，采用探索性和验证性因子分析等实证检验方法，开发网络定向广告信息推荐质量的测量量表。其次，针对本书的研究模型，通过对所开发量表和前人量表的预测分析，得出本书模型的正式调研问卷。再次，以正式调研问卷为依据，获得一手样本数据。运用统计分析软件对样本数据进行数据质量检验（如信度检验、效度检验）。最后，采用多元逐步线性回归（MSR）和结构方程模型（SEM）对本书所提出的假设进行了实证检验。

第五节 研究创新点

本书研究创新点有以下三方面：

第一，整合性地对网络定向广告信息推荐质量进行了概念界定，明确了其结构维度，并进行了量表开发。虽然国外学者对网络定向广告特征展开了研究，但是多是将个性化水平、信息收集公开化等单一维度作为主要特征，并未系统性地对网络定向广告信息推荐特征进行探析。立足于此，首先，本书提出网络定向广告信息推荐质量的概念，并界定为消费者对所感知到的网络定向广告信息推荐服务的整体性评价。其次，采用扎根理论的质性研究方法明确了网络定向广告信息推荐质量包括精准性、生动性和安全性三个维度。其中，精准性是指网络定向广告信息与其需求、偏好和所处情境等的匹配程度；生动性是指网络定向广告展示形式的创意性和展示内容的相对优势程度；安全性是指网络定向广告在对消费者个人数据的收集、使用和分析过程中，对消费者信息数据的安全保障。同时，指出了它们之间的逻辑关系，即网络定向广告的信息推荐质量外显于精准性，生动性是信息推荐质量的内在要求，安全性是信息推荐质量的内隐条件。最后，采用严谨的定性和定量的研究方法，开发网络定向广告信息推荐质量的测量量表，为学者和管理者研究网络定向广告提供了测量和评价工具。因此，本书的研究内容在一定程度上阐明了网络定向广告信息推荐质量的概念基础和维度划分，并为以后有关网络定向广告的研究提供了新的视角。

第二，揭示了网络定向广告信息推荐质量对消费者响应的影响机制。以往关于消费者对网络定向广告响应形成机制的研究大多集中于感知有用性和感知易用性等功能性价值感知，忽视了情感性价值感知对消费者响应所发挥的重要作用。立足于此，借鉴刺激—机体—响应理论，形成"网络定向广告信息推荐质量—消费者价值感知—消费者信任—消费者响应"的理论框架，尝试从消费者行为学视角梳理具有高信息推荐质量的网络定向广告持续竞争优势的来源。本书发现，首先，具有高信息推荐质量的网络定向广告，不仅能够显著提升消费者功能性价值感知，同时也能显著提升消费者情感性价值感知，并通过消费者信任，显著提升消费者的广告点击意愿和持续使用意愿。其次，网络定向广告信息推荐质量的精准性和生动性两个维度是消费者响应的触发因素，而安全性维度是消费者响应的保障因素。最后，本书还发现消费者说服知识水平对网络定向广告信息推荐质量的精准性维度与消费者价值感知（包括功能性价值感知和情感性价值感知）关系有正向调节作用。因此，从消费者行为学视角出发，探讨消费者对网络定向广告的响应机制，有利于加深网络定向广告特征如何影响消费者响应的理解。

第三，发现了在网络定向广告情境下，消费者功能性价值感知和消费者情感性价值感知对消费者的两种响应（包括广告点击意愿和持续使用意愿）有着不同的作用路径和机制。网络定向广告情境下，消费者功能性价值感知对广告点击意愿（短期响应）存在显著的直接效应，且消费者信任起到了部分中介的作用；消费者功能性价值感知对广告持续使用意愿（长期响应）不存在直接效应，只能通过消费者信任的中介作用来实现。消费者情感性价值感知对广告点击意愿（短期响应）不存在直接效应，只能通过消费者信任的中介作用来实现；消费者情感性价值感知对广告持续使用意愿（长期响应）存在显著的直接效应，且消费者信任起到了部分中介作用。对于消费者信任的中介作用的研究，有助于深入理解网络定向广告信息推荐质量在消费者心理层面的作用路径。

第二章　文献综述

本章主要是对相关现有研究文献进行梳理和评述。对于相关文献的回顾和梳理，有利于系统性地厘清网络定向广告与消费者响应、消费者价值感知、消费者风险感知和信任的现有研究基础，进而发现研究不足与欠缺，科学性地提出本书的研究切入点，为研究模型的构建提供理论支撑。

第一节　网络定向广告的相关研究

一、网络定向广告的概念内涵及分类研究

（一）网络定向广告的概念内涵

从信息系统和电子商务领域的实践来看，随着网络技术的发展，消费者越来越依赖网络进行产品信息搜寻、互动和购买，这就使互联网企业掌握着消费者个人特征数据、用户创造信息（User Generated Content，UGC）、消费者行为信息等海量数据。基于消费者的大数据具有规模化、多元化、复杂化和长久性的数据特征（Hilbert 等，2011）。新兴信息技术和应用模式的涌现，使企业能够高效地利用消费者大数据对消费者需求进行精确化、个性化和实时化的追踪和洞察，使企业能够将营销策略的有效性精确到个体层次的消费者，这就为企业营销带来了前所未有的机遇（冯芷艳等，2013）。而网络定向广告则是大数据技术在营销渠道中的具体应用（Ghose 等，2011）。由

于传统网络广告受到自身缺陷（如广告内容关联度低、广告形式不恰当）、受众消极态度和评价等的影响，广告点击率下降，传统网络广告面临着严峻的发展阻碍。在此背景下，随着信息存储、处理技术的日趋完善，网络定向广告应运而生（朱强和王兴元，2018）。网络定向广告的研究涉及计算机科学、信息技术、消费者行为、法律等多个领域，学者对网络定向广告的命名不尽相同。因此，网络定向广告（Online Targeted Advertising）又被叫作网络精准广告（Online Behavior Advertising）、网络个性化广告（Online Personalized Advertising）。在本书中，将网络定向广告、网络精准广告和网络个性化广告，统称为网络定向广告。

精准营销的思想由来已久，早在 20 世纪 90 年代就有学者提出采用专家系统（Cook 等，1988）和知识库系统（Burke 等，1990）运用到传统广告的设计和投放之中，以便提升传统广告受众的市场细分程度（Cook 和 Schleede，1988）。同时，定向广告及精准广告在互联网时代之前就被广泛使用（Smit 等，2014），它是以人口特征等消费者显性信息特征为依据所进行的市场细分，并针对细分市场所投放的广告。此时的定向广告是差异化的营销传播战略，鉴于信息技术的不发达，个性化及精准化程度低。对于网络定向广告的概念性研究最早可以追溯到 1995 年 Derick 对于消费者驱动的电子广告的思想论述。Derick（1995）采用定性研究方法，不仅对网络定向广告发展的商业模式、实现技术等进行了概念性的理论论述，也提出了网络定向广告发展可能遇到的障碍（如消费者隐私问题、广告态度及技术局限性等）。2000 年之前，学者主要是从定向技术的视角对网络定向广告进行界定和研究。例如，Gallagher 等（1997）认为，网络横幅定向广告是使消费者知晓公司网站并且吸引消费者了解公司及产品的数据挖掘、分析系统。从技术的角度，学者将网络定向广告定义为数据挖掘等信息技术在 Web 服务中的具体应用体现（Liu 和 Weistroffer，2016），是通过算法将广告信息投放给特定的目标受众，从而提升广告点击率的网络广告。

随着信息技术的不断成熟和网络定向广告的不断更新与应用，学者的研究也不再仅限于信息技术方面，消费者行为、经济学、法律、传播学等领域的学者也开始对网络定向广告情景下的利益相关者的使用行为及心理、行业政策等进行了展开讨论。此时，学者开始从信息技术和消费者信息需求两个维度对网络定向广告进行概念界定，不同学者对网络定向广告概念界定的整理如表 2-1 所示。较为典型的网络定向广告概念界定如下：

表 2-1 网络定向广告概念界定

定义视角	学者	年份	定义
信息技术视角	Gallagher 等	1997	网络横幅定向广告是使消费者知晓公司网站并且吸引消费者了解公司及产品的数据挖掘、分析系统
	Liu 和 Weistroffer	2016	网络定向广告定是数据挖掘等信息技术在 Web 服务中的具体应用体现，通过算法将广告信息投放给特定的目标受众，从而提升广告点击率的网络广告
	Ham 和 Nelson	2016	网络定向广告是能够使广告商将与高度相关的广告信息传递给个体消费者的技术驱动型个性化推荐方式
消费者行为学视角	McDonald 和 Cranor	2010	网络定向广告是收集个体消费者网络活动数据，并以此为依据，选择性地对消费者进行网络广告展示
	鞠宏磊等	2015	基于大数据的定向广告是指依托互联网广告网络及广告交易平台，应用大数据信息检索、受众定向及数据挖掘等技术对目标消费者数据进行实时抓取与分析，针对消费者个性化特征和需求而推送具有高度相关性商业信息的传播与沟通方式
	郭心语等	2013	网络定向广告为使用定向技术，追踪消费者在互联网中的点击、浏览和购买行为，通过算法和建模提取有效的消费者行为信息，最终依据消费者行为信息向消费者提供个性化的广告内容
	李凯等；Liu 等	2015 2009	网络定向广告的基本思想为，充分利用数据挖掘技术获取网络消费者的信息数据，并使用数据分析技术来预测消费者偏好，进而向消费者推送与其偏好相匹配的产品信息的新型网络广告

McDonald 和 Cranor（2010）认为，网络定向广告是收集个体消费者网络活动数据，并以此为依据，选择性地对消费者进行网络广告展示。

Schumann 等（2014）对网络定向广告进行了广泛定义，即网络定向广告是泛指基于消费者信息所形成的任何形式的网络广告，消费者信息包括消费者当前及过往的产品浏览、购买行为信息，产品偏好和地理位置信息等数据。

Smit 等（2014）认为，网络定向广告是依据消费者之前的网络浏览行为所形成的新型网络广告。

Ham 和 Nelson（2016）认为，网络定向广告是能够使广告商将与消费者高度相关的广告信息传递给个体消费者的技术驱动型个性化推荐方式。Boerman 等（2017）将网络定向广告定义为广告商依据监视或追踪到的消费者网络行为，向个体消费者所提供的个性化的广告信息。

鞠宏磊等（2015）认为，"基于大数据的精准广告指的是依托互联网广告网络及广告交易平台，应用大数据信息检索、受众定向及数据挖掘等技术对目标消费者数据进行实时抓取与分析，针对消费者个性化特征和需求而推送具有高度相关性商业信息的传播与沟通方式"。郭心语等（2013）将网络定向广告定义为使用定向技术，追踪消费者在互联网中的点击、浏览和购买行为，通过算法和建模提取有效的消费者行为信息，最终依据消费者行为信息向消费者提供个性化的广告内容。

李凯等（2015）、Liu 等（2009）认为，网络定向广告的基本思想为，充分利用数据挖掘技术获取网络消费者的信息数据，并使用数据分析技术来预测消费者偏好，进而向消费者推送与其偏好相匹配的产品信息的新型网络广告。基于消费者个体人口特征、网络浏览数据、地理位置数据等所生成的网络定向广告，不仅能够将最符合消费者偏好的广告信息传递给消费者，而且还能够做到在恰当的时间或恰当的地点，将最恰当的产品信息推荐给个体消费者（Tam 和 Ho，2006）。

从以上学者对网络定向广告的定义来看，虽然学者从不同视角对网络定向广告做出了概念界定，但是尚未形成较为统一的界定。同时，多数研究是由外国学者所得出，国内学者关于网络定向广告对消费者行为影响的研究开展较晚。所以，亟须结合我国市场经济和消费者行为的网络定向广告的概念和理论探究。同时，由以上文献分析可知，学者对网络定向广告的概念界定主要围绕以下四个维度：一是采用大数据挖掘技术对消费者多元化数据进行追踪和获取；二是使用大数据分析技术对所获取消费者信息进行分析；三是预测消费者的消费偏好和产品信息需求；四是向个体层次的消费者提供精准化的网络广告。有鉴于此，本书从消费者行为学的视角，做出如下定义：网络定向广告是运用数据分析和挖掘技术收集并分析源于个体层次消费者的多元化网络行为及信息数据，来预测消费者产品需求与偏好，并以此为定向依据，进而通过传统互联网及移动互联网为个体层次的消费者推送与其偏好相匹配的产品信息的新型网络广告。其中，多元化的消费者网络行为及信息数据包括消费者人口特征数据、网络（包括传统互联网和移动互联网）搜索及浏览数据、媒体观看记录（如视频观看记录）、社交媒体浏览及互动记录（Zuiderveen，2015）、应用程序使用记录、网络购物记录、地理位置数据和体感信息（储节旺等，2014）等具有可获得性的消费者信息。此时，网络定向广告受众为具有产品需求的个体层次消费者，网络定向广告能够在正确的时间、正确的地点，将最符合消费者需求的营销信息推送给最合适的消费者。

（二）网络定向广告分类

鉴于研究重点和内容的不同，网络定向广告的分类方式也不尽相同。综合来看，分类方式主要有以下三种：一是根据传播媒介和内容的不同，网络定向广告又可以分为精准横幅广告、手机精准广告、移动多媒体精准广告、社交媒体精准广告、视频精准广告、搜寻精准广告和内容关联广告等（Liu 和 Weistroffer，2016）。其中，精准横幅广告和社交媒体精准广告是当前最为常见的网络定向广告形式（李凯等，2015）。二是根据使用范围的不同，网络定向广告可以分为站内网络定向广告和网站间网络定向广告两个类型（朱书琴，2014；李慧东，2012）。其中，站内网络定向广告的最常见形式为站内个性化推荐，它是电子商务网站依据消费者信息和网络行为数据来预测消费者喜好，并在网站内向消费者推荐或展示产品和服务（孙鲁平等，2016）。例如，京东的"猜你想要"，淘宝的"常购清单"等；网站间网络定向广告则是广告商在不同网页和媒介上向消费者所展示的网络定向广告，其最常见形式则是横幅广告。例如，出现在浏览网页中的网络横幅广告。三是根据个性化程度的不同，网络定向广告可以分为大规模个性化（Mass Personalization）、群体层面个性化（Segment‐level Personalization）和个体层面个性化（Individual‐level Personalization）三个层面（Zhang 和 Wedel，2013）。其中，大规模个性化的网络定向广告预测消费者平均偏好，向所有消费者推送相同的产品信息；群体个性化的网络定向广告预测群体消费者的同质化偏好，向不同群体的消费者推送不同的产品信息；个体个性化的网络定向广告预测个体的消费偏好，向不同消费者推送不同的产品信息（Wedel 和 Kannan，2016）。Zhang 和 Wedel（2009）通过对线上和线下的个性化推荐的比较研究，认为线上个体层面的个性化推荐的营销绩效最高。但这并不意味着所有的企业都应采用个体个性化的网络定向广告营销策略。具体不同分类模式的比较，如表 2-2 所示。

表 2-2　网络定向广告分类依据及类别

分类依据	网络定向广告类型
传播媒介的不同	精准横幅广告 移动多媒体精准广告 社交媒体精准广告 视频精准广告 搜寻精准广告
使用范围的不同	站内网络定向广告 网站间网络定向广告
个性化程度的不同	大规模个性化网络定向广告 群体层面个性化网络定向广告 个体层面个性化网络定向广告

资料来源：笔者根据文献整理。

二、网络定向广告运行机制及技术支持的相关研究

（一）网络定向广告运行机制的相关研究

网络定向广告有效性的基本假设是消费者在网络上所进行的信息浏览、商品搜寻等网络行为是其真正的消费需求和产品偏好（Haddadi 等，2011）。网络定向广告主要基于智能商务和机器学习原理（李凯等，2015），其精准程度主要取决于数据挖掘分析技术和消费者信息数据两个方面（朱强和王兴元，2018）。大多数学者对网络定向广告的运行机制及基本原理持有相同的看法，认为网络定向广告的技术原理主要包括以下三个方面：一是采用数据挖掘技术对各种途径所存在的消费者近期网络浏览记录、地理数据等网络信息数据进行主动和被动式收集；二是运用数据分析技术对所收集到的消费者信息进行处理

和分析，建立用户文档、用户兴趣文档等，以便预测消费者偏好、产品需求和用户画像；三是根据消费者偏好、产品需求和用户画像，定向地向消费者投放与其偏好等相匹配的广告信息（Li 等，2012）。

（二）网络定向广告所使用定向技术的研究概述

网络定向广告是充分利用各种网络媒介渠道，使用定向技术，向消费者传递个性化信息的在线广告。因此，网络定向广告的技术核心是消费者定向技术。消费者定向技术是将每一个受众视为一个独立的消费者看待，当他们浏览网页信息时能将其识别出来，并根据个体消费者的产品偏好提供相匹配的广告信息（史旻昱，2008）。由此来看，定向技术主要是用来解决如何使用计算机信息技术来识别出具有产品需求的消费者（俞淑平，2010）。不同的学者根据采用的技术、算法和数据类型的不同，对定向技术提出了不同的分类方式。例如，Brahim 等（2011）将定向技术分为行为定向技术和关联定向技术；Plummer 等（2007）根据信息数据类型的不同，将定向技术分为了地域定向技术、个人属性定向技术、时段定向技术、偏好定向技术和购物定向技术；Lambrecht 和 Truck（2013）根据个体相关性，将定向技术分为定向和再定向两类。同时，相关学者对于定向技术方面的研究主要围绕定向投放算法及方案设计展开。例如，俞淑平（2010）在内容定向的研究中，探析并提出语义定向技术以提高网络定向广告的精准性；对于行为定向技术，又提出了一种全新的基于用户行为特征的网络定向广告投放算法。程龙龙（2014）通过对时间维度的考虑，对用户行为模型进行了改进，提出基于隐含狄利克雷分布函数的网络定向广告投放算法。邓晓懿（2012）和陈全等（2012）从网络定向广告技术实现方案设计等角度，对个性化推荐系统及算法的设计进行了优化。

综合来看，根据消费者信息数据类型的不同，网络定向广告的定向技术可以分为基于规则（Rule Based）和基于模型（Model Based）的两种类型定向技术（郭心语等，2013）。具体来看，基于规则的定向技术主要包括个人属性定向和地域定向。其中，个人属性定向所使用的定向技术主要有支持向量机回归算法、潜在语义分析、查找关键词技术等来预测用户的性别、年龄、职业等人口统计特征。例如，Jansen 等（2010）使用电子商务中的关键词搜索数据，提出偏好定向技术。地域定向使用最多的定向技术主要是隐马尔科夫模型（Hidden Markov Model，HMM）和条件随机域模型（Conditionnal Random

Field，CRF）（Lafferty 等，2001）。地域定向技术的实现原理是：当服务器接到一个请求后，会收集请求的 IP 地址，并将其与 IP 数据库进行比对，确定请求者的地理位置（Yih 等，2006）。

基于模型的定向技术是通过不同的算法对消费者行为数据和所处环境信息数据进行分析，并确定不同信息的权重，构建广告匹配模型。基于模型的定向技术主要包括行为定向技术、情景定向技术和再定向技术。其中，情景定向技术主要采用特征向量模型对广告和网页进行匹配，以及采用网页短语提取技术，将其转化为赞助搜索广告形式两种技术（Yih 等，2006）。行为定向技术是根据消费者的历史行为，将消费者进行细分，并在广告与不同细分组的消费者之间进行匹配（Yan 等，2009）。行为定向的相关技术主要有：根据 TF-IDF 对用户的查询记录或浏览记录生成用户画像（Yan 等，2009），线性回归模型根据用户的历史行为对用户进行聚类（Pavlov 等，2009），潜在语义分析模型，考虑用户行为的语义，包括潜在语义分析（LSA）（Wester，1990）、概率潜在语义（PLSA）（Hofmann，2001）、潜在 Dirichlet 分配（LDA）（Blei 等，2003）、迁移策略（Chen 等，2010）以及根据用户近其或长期的兴趣变化对用户建模（Yan 等，2009）等。

三、网络定向广告的商业模式研究

传统网络广告是通过增加品牌及产品的曝光度来提升消费者的品牌感知（如品牌知名度和美誉度），其核心为大众化的品牌营销理念。与传统广告的"创意驱动"运作模式不同，网络定向广告为"技术驱动"运作模式（倪宁和金韶，2014）。网络定向广告核心诉求是提高广告主的产品信息与消费者的相关性，市场体系尚未成熟，主要利益相关者包括广告主、网络广告发布商、广告服务商和消费者（孙鲁平等，2016）。根据网络定向广告技术提供者的不同，网络定向广告商业模式可以分为广告主模式、发布商模式和中介模式。其中，广告主模式是由广告主自建广告平台，并使用定向技术向消费者推送广告，其常见形式为网络购物平台常使用的个性化推荐系统（例如，"猜你想要""常购清单"等）；发布商模式是围绕网络定向广告发布商所建立起的商业模式；中介模式能够将广告主与广告发布商的价格偏好进行匹配，有效提升市场效率，使广告商获得更多的广告需求。

赵江（2015）根据消费者信息类型的不同，将网络定向广告分为不同的定向模式，具体包括行为定向模式、关联定向模式、位置定向模式、时间定向模式、属性定向模式。对于每种定向模式的信息获取途径及特征，如表2-3所示。在网络定向广告的商业化应用中，赵江（2015）指出，企业应当根据广告的投放目的、方式等具体分析，对不同的定向模式进行组合使用，以便发挥网络定向广告的最大效用。

表2-3　网络定向广告的定向模式、数据类型及特征分析

定向模式	信息获取	特征
行为定向模式	消费者网络信息浏览行为	实时性、孤立性
关联定向模式	消费者信息关联分析	高个性化、数据多元化
位置定向模式	消费者网络位置和地理位置	高个性化、覆盖范围广
时间定向模式	消费者网络使用时间	规律性、时序性
属性定向模式	消费者的个人特征	数据多元化、低个性化

资料来源：赵江．基于电商平台的定向广告投放机制和策略研究［D］．东南大学博士学位论文，2015.

第二节　网络定向广告特征的相关研究

一、网络定向广告的个性化水平

鉴于网络定向广告对于多元化消费者信息数据的收集、处理和使用，并且网络定向广告商及企业并不是对消费者的所有信息数据都进行收集、分析和使用，故Boerman（2017）认为，网络定向广告的个性化程度取决于以下两个因素：一是所用的消费者个人数据类型；二是网络定向广告所使用的消费者个人数据的数量。已有学者对网络定向广告不同个性化程度及广告效果进行了研究。基于消费者个人信息数据的网络定向广告个性化程度的提高，有利于提升

广告内容与消费者偏好的匹配度，进而提升消费者对产品和服务的喜爱度，减少认知过载。对于企业而言，网络定向广告精准程度的提升，有利于增强消费者满意度和忠诚度，进而把握消费者对个性化水平的敏感性。同时，企业也可能获得竞争优势、提高产品定价、提升企业利润。Boerman（2017）指出，网络定向广告的个性化推荐能够显著提升消费者的品牌回忆、内容评价和购买意愿。Murthi 和 Sarkar（2003）将个性化水平分为学习阶段、匹配阶段和评估阶段三个不同的阶段。在学习阶段，广告商收集、分析消费者数据以便了解其需求和偏好；在匹配阶段，广告商使用所收集的消费者信息数据来提供较高个性水平的广告内容；在评估阶段，公司采用可计量指标（如点击率）对网络定向广告效果进行评价。

Boerman（2017）指出，网络定向广告的个性化水平源于对消费者不同类型数据的收集、分析和使用。学者通过对一种或多种消费者数据类型的组合处理和分析，创造了不同水平的个性化。他们的研究显示，个性化水平将会触发消费者不同程度和方向响应。例如，个性化水平能够提升消费者的正面情绪和行为，例如，感知有用性、感知易用性和点击意愿等；同时个性化水平也能够引发消费者的负面情绪和行为，例如，被侵犯感知、脆弱性感知和广告抗拒等。

在网络定向广告内容个性化水平对消费者响应影响的研究中，学者多是以理性选择理论、认知理论、心理所有权理论和心理抗拒理论等作为理论基础。这些理论同时指出，当消费者感知到个人信息被企业收集、使用和处理时，消费者将会积极夺取对个人数据的自主选择、控制和所有权。这就意味着，高个性化水平的网络定向广告会削弱消费者权利感知、心理所有权感知和选择权感知，进而导致消极的广告响应。

二、网络定向广告的精准化程度

网络定向广告的特征则是精准化。倪宁和金韶（2014）指出，定向广告的精准性特征主要体现在以下四个方面：目标消费者的精准识别、消费者需求的精确预测、传播过程的精准可控和效果的精准评估。Summers 等（2016）基于自我知觉理论，得出对于消费者而言，网络定向广告起到了隐形社会标签的作用。当消费者了解网络定向广告的运行机制后，他们知道营销人员已对其进行了推断。此时，网络定向广告提供了自我特征的外显，引导消费者调整其自我认知并利用这些认知来决定购买行为。Summer 等（2016）指出，虽然网络定向广告对消费者特征的外显能够影响消费者购买决策，但未对自我特征外显对消费者其他消费行为的影响做进一步的探索。

三、网络定向广告对消费者数据收集的研究

消费者对网络定向广告的信息收集公开化具有显著的正向态度和情绪。Aguirre 等（2015）的研究指出，相较于信息收集公开化，在信息收集不公开的情景下，网络定向广告的个性化程度水平能够显著提升消费者的脆弱性感知。Miyazaki（2008）指出，在隐私声明中明确地披露消费者个人信息的收集、分析及使用技术和机制，能够显著提升消费者对网站及网络定向广告的信任度和口碑传播意愿。从整体来看，信息收集公开化有利于网络定向广告的传播。

在西方国家，营销行业采用自我监管的方式来提高网络定向广告的信息收集透明度，进而保障消费者个人信息数据能够公开化、合法化地被收集、使用和分享。在西方营销业界中，经常使用的披露方式为图标、标识和口号。例如，美国数字广告联盟和欧洲互动数字广告联盟联合推出了统一化的信息收集标识，如图 2-1 所示。

图 2-1　消费者个人信息收集标识

资料来源：Noort G V, Smit P E G, Voorveld H A M. The Online Behavioural Advertising Icon: Two User Studies [J]. Advances in Advertising Research (Vol. Ⅳ). Springer Fachmedien Wiesbaden, 2013: 365-378.

学者对网络定向广告的信息收集标识有效性展开了研究。学者指出，消费者对网络定向广告的信息披露标识并不熟悉（Ur 等，2012；Noort 等，2013），不能充分理解其含义（Ur 等，2012）并且很少留意到该标识（Noort 等，2013）。例如，Leon 等（2012）发现，只有25%的被调研者能够辨识网络定向广告的信息披露标识。这意味着信息披露标识并未充分发挥其效果。也有学者指出，当消费者了解信息收集标识的含义之后，信息收集标识的展示能够显著提升消费者对网络定向广告内容的认同程度。

　　学者指出，网络定向广告的信息收集公开化和数据使用透明化对消费者信任的影响机制可以用社会契约理论和违反预期理论来解释。根据社会契约理论，广告商通过对个人信息的收集、分析和使用的披露，与消费者形成潜在的社会契约。在这种潜在的社会契约情境下，消费者希望广告商以负责的态度来收集、分析和使用其个人信息数据。当网络定向广告运营商不披露消费者个人信息数据的收集、分析和使用行为以及不当使用消费者个人信息数据时，广告商则违背了社会契约，侵犯消费者个人隐私权，进而消费者对网络定向广告及广告内容表现较低的信任度。

　　信息收集公开化的常用手段是发布隐私声明和安全承诺。一些国家以立法形式提高网络定向广告的透明度，要求网络定向广告在使用消费者个人信息数据时，必须征得消费者的同意，同时消费者具有是否使用网络定向广告的选择权。根据经济合作与发展组织（Organization for Economic Co-operation and Development，OECD）所指定的隐私准则，只有在消费者具备网络定向广告知识且征得消费者同意的情况下，网络定向广告运营公司才能收集消费者个人信息数据。这些规定的主要目的之一是充分保护消费者权益。一般来说，隐私权相关法规的主要目的在于使消费者对于隐私和个人信用数据的使用行为具有决策权。例如，一些消费者认为，网络定向广告能够提供有效产品信息，降低产品搜寻成本，此时消费者会允许网络定向广告运营公司对其个人信息数据进行收集、分析和使用；相反，另一些消费者认为，网络定向广告会侵犯其个人隐私，进而拒绝网络定向广告运营公司对其个人信息数据收集、分析和使用等行为。

　　隐私声明是发布于网络广告网页上，用来告知消费者哪些个人信息数据会被收集和使用，以及为何和如何被使用等的说明性文件。McDonald 和 Cranor

（2008）指出，网络定向广告运营公司能够通过隐私声明向消费者披露网络定向广告技术和信息，进而降低消费者的信息不对称性。尽管隐私声明使消费者充分了解网络定向广告运营公司对其个人信息数据的收集、分析和使用情况，但是消费者很少阅读隐私声明，进而导致了消费者认知较低（Cranor，2003；McDonaldand 和 Cranor，2008；Milne 和 Culnan，2004）。McDonaldand 和 Cranor（2008）指出，如果消费者阅读完其所浏览的全部网站的隐私声明，需要用201 小时。另外，消费者也并非擅长于理解隐私声明中的专业术语（Jensen 和 Potts，2004；Milne、Culnan 和 Greene，2006）。消费者通常是全部接受所有的个人信息数据收集、分析和使用的请求或只是简单地浏览（Marreiros 等，2015；Zuiderveen Borgesius，2015b）。因此，从实践来看，隐私声明的发布看似能够保障消费者权益，但实则并未发挥其告知和授权作用，进而造成了消费者隐私权被侵犯的感知。

四、网络定向广告的展现内容和形式

以往学者对网络定向广告的研究主要集中在展示内容和展现形式上，如何影响消费者对网络定向广告、产品和服务的评价，体现在以下两个方面：

（一）关于网络定向广告内容的展示形式的研究

Xiao 和 Benbasat（2014）指出，网络定向广告内容布局越简单明了，消费者的易用性感知和满意度也就越高。根据信息过载理论，Schumann 等（2014）认为，网络定向广告内容杂乱度（Advertising Clutter）会显著降低消费者对网络定向广告内容的相关性感知，进而降低消费者对网络定向广告的接受意愿。Reijmersdal 等（2017）以 9~13 岁的儿童为样本，研究了网络定向广告内容和形式（如颜色等）对品牌态度和购买意愿的影响，认为对于儿童而言，广告内容和形式的精准化能够显著提升品牌态度和购买意愿，并且受到广告喜爱度的正向中介作用。Schumann 等（2014）在对网络定向广告的研究中，提出广告信息量能够显著影响消费者对网络定向广告的接受程度。具体来看，对于相关性为诉求的网络定向广告，广告信息量的增大会显著降低消费者对网络定向广告的接受意愿；而对于互惠性为诉求的网络定向广告，广告信息量的增大会显著提升消费者对网络定向广告的接受意愿。同时也有学者指出，广告内容标签也会影响消费者响应。例如，在商品个性化推荐情境下，Kramer 等（2007）

通过实证分析发现，相对于"基于相似消费者"的网络定向广告标签，具有独立取向的消费者比依存取向的消费者更倾向于选择具有"基于个人偏好"的网络定向广告内容。

（二）关于网络定向广告展示内容的研究

Sinha 和 Swearinggen（2001）指出，如果广告内容为消费者熟悉的产品，消费者对网络定向广告的信任程度就更高，同时提供产品更多信息（如产品价格、在线口碑等）也可显著提升消费者对网络定向广告、产品或服务的信任度。Bleier 和 Eisenbeiss（2015）将网络定向广告展示内容个性化深度（Degree of Content Personalization）分为三个不同水平，即高广告内容个性化、针对产品类别的中等广告内容个性化和针对品牌的中等广告内容个性化。其中，高广告内容个性化是指依据消费者最近购物活动中最关注的产品类别和品牌所生成的网络定向广告；针对产品类别的中等广告内容个性化是指依据消费者最近购物活动中所关注的产品类别所生成的网络定向广告；针对品牌的中等广告内容个性化是依据消费者最近活动购物中所关注的品牌所生成的网络定向广告。他们认为，随着消费者购买决策阶段的不同，不同的网络定向广告内容个性化深度发挥着不同的效果。相对于高度内容个性化的网络定向广告，中度内容个性化的网络定向广告点击率虽小，但对消费者购买决策的影响更为持久。Bleier 和 Eisenbeiss（2015）在另一篇文献中依据网络定向广告个性化类别的不同，将网络定向广告内容分为个性化深度和个性化广度两个维度。其中，广告内容个性化深度是指网络定向广告内容与消费者偏好、产品需求的相关程度；广告内容广度是指网络定向广告内容对消费者偏好及产品需求的覆盖程度。并且提出具有不同信任程度的网络零售商，只有采用不同的精准化网络广告营销策略，才能有效发挥网络定向广告效果。具体来看，具有高信任度的网络零售商应采用高深度和低广度的网络定向广告内容策略，此时消费者具有较高有用性感知，较低的隐私关注；对于具有较低信任度的网络零售商而言，无论网络定向广告内容的广度如何，网络零售商采取高深度的网络定向广告内容，不会增加消费者的有用性感知，反而会引发消费者的隐私关注。

五、网络定向广告与情景一致性的研究

在传统网络广告的研究中，学者皆认同网络环境对网络广告的传播及点击意愿有着显著的影响。网络定向广告的载体形式多样化（如社交媒体、手机App、购物网站等），所以对于网络定向广告所处情景的研究也至关重要（Boerman，2017）。回顾以往研究发现，网络定向广告所处情景多以调节变量作用于网络定向广告与消费者响应间的关系。Aguirre 等（2015）探究了网络定向广告所处网站可信度对网络定向广告的影响。他们的实证检验结果表明，当网络定向广告出现在可信度较低的网站上时，个性化水平显著负向影响消费者的点击意愿。这意味着消费者对低可信度网站上的高个性化网络定向广告有着较低的点击意愿。

对于网络定向广告而言，最为重要的情景因素是网络定向广告所展示内容与载体网站主题的一致性（骆婕茹，2016）。Bleier 和 Eisenbeiss（2015）分析了网络定向广告与展示网站的动机一致性对个性化水平与消费者感知的调节作用，研究显示，在动机一致性的情境下，个性化水平能够显著提高广告信息性感知，同时侵扰性感知等负面感知将会显著降低。Yaveroglu 和 Donthu（2008）探究了环境内容相关性（内容相关 VS 内容不相关）对横幅广告点击意愿和品牌回忆的影响，结果显示，网络环境内容相关更有利于唤醒消费者对横幅广告中产品的品牌回忆，但其对横幅广告的点击意愿并未有显著影响。Tucker（2014）分析了社交网络情景下的网络定向广告的效应，发现利用社交网络的交互性，可以改变消费者对个人信息的控制，能够显著提升网络定向广告点击率。Schumann 等（2014）研究了在免费网络服务网站情景下，消费者对其所包含的网络定向广告的接受意愿，认为相较于传统以相关性诉求为主的网络定向广告，互惠性诉求更容易触发消费者对网络定向广告的接受和使用意愿。在这个效应中，免费网络服务网站效用（Website Utility）、网站质量、消费者生成内容水平量对其起到了调节作用。

第三节　消费者特征对网络定向广告效果的影响研究

对于网络定向广告的研究，起初学者将网络定向广告的算法及模型优化等技术层面的研究作为重点。随着算法及模型不断改进和完善，学者开始将研究重心转移到消费者行为、心理等方面。消费者特征对网络定向广告的采纳和评价受多种因素的影响，并且作用机制较为复杂。例如，Johnson 等（2011）研究了消费者特征对网络定向广告态度的影响，认为消费者特征通过一致性判断和精准性感知来影响网络定向广告态度，并且文化因素在它们的关系中起到调节作用。梳理相关文献可以看出，影响消费者对网络定向广告评价的消费者特征因素众多。参考以往学者的研究，本书将从产品知识水平、网络定向广告知识水平和隐私关注三个核心特征对网络定向广告评价的影响因素进行回顾。

一、消费者产品知识水平对网络定向广告的影响

消费者产品知识（Consumer Product Knowledge，CPK）是消费者直接或间接获得某一类产品的相关知识（Brucks，1985；Wood 和 Lynch，2002），包括产品属性认知、功能性认知与价格认知。消费者的产品知识主要有内部搜寻和外部搜寻两大获得渠道，内部搜寻，即消费者本人以往关于产品的经验和认知；外部搜寻，即他人经验、广告和品牌社群等。当前的研究显示伴随着信息技术的进步，口碑和品牌社群等已成为消费者获取产品知识的主要渠道（王爽等，2012）。

消费者产品知识水平的高低也会影响消费者对网络定向广告的反应或评价。一般来说，高产品知识水平的消费者更会对网络定向广告的推荐内容不满，更少依赖于推荐系统做出购买决策（Yoo 等，2013）。Kamis 和 Daven（2004）对消费者产品类别知识和个性化商品推荐系统进行了研究，研究结果显示，消费者产品类别知识水平显著负向影响个性化商品推荐系统的易用性感知和有用性感知。这意味着高产品类别知识水平的消费者在做出消费决策时，更多地依赖于已有经验和产品知识，较少受到网络定向广告信息的干扰，此时对于网络定向广告所提供的产品信息的有用性感知降低。

但也有学者认为，消费者产品知识水平能够正向调节网络定向广告与消费者响应间的关系。例如，Pereira（2000）对消费者产品知识与个性化商品推荐的交互作用进行了研究，结果显示相较于产品知识水平低的消费者，产品知识水平高的消费者对基于内容的个性化商品推荐系统的信任度和满意度更高。

二、消费者说服知识水平对网络定向广告的影响

说服知识是指消费者对广告公司或营销人员所使用营销策略和技术的直观理解和信念（梁静，2008；杜伟强等，2011）。消费者的说服知识来源于社会互动、以往购物经验和口碑传播等途径（Friestad 和 Wright，1994）。说服知识主要由说服动机的认识和说服策略的认识两方面构成。

网络定向广告知识水平是指消费者对网络定向广告所使用的技术和运行机制的了解程度。有学者对消费者的网络定向广告知识水平现状进行了研究，认为当前消费者的网络定向广告知识水平降低，对网络定向广告持有较为模糊的认知。例如，McDonald 和 Faith（2010）采用深度访谈和在线调研的方法，对美国消费者的网络定向广告知识水平现状进行调查，发现消费者普遍对网络定向广告的运行机制缺乏正确的认知，64%的被调研者将网络定向广告对消费者的信息收集视为具有侵犯隐私的行为。在网络定向广告知识中，消费者最为缺乏的知识是个人网络行为数据如何被使用（Ur 等，2012）。同时，对于网络定向广告知识的缺乏，导致大量的消费者错误地理解广告商有分享和出售消费者信息数据的权利（Turow 等，2009）。网络定向广告知识水平的提供能够强化和增进消费者对网络定向广告的信任度。陈明亮和蔡日梅（2009）对中国消费者进行了研究，结果显示，消费者对技术越熟悉、对电商自营定向广告信任度也就越高，越依赖于推荐系统做出消费决策。

通过以上文献可知，当面临网络定向广告时，消费者的心智模型和说服知识都未得到很好的发展。总之，在网络定向广告下说服知识和第三者效应有着重要的联系。当消费者认为自己比他人更熟悉网络定向广告的运行机制时，则会高估他人所受到的影响，从而低估自己所受到的影响。不正确的认知、较低的说服知识和低估网络定向广告的效应都会对消费者决策造成负面的影响。

三、消费者隐私关注对网络定向广告的影响

（一）有关消费者隐私关注界定的研究

由于网络定向广告是以获得消费者特征和行为数据为前提，这就使隐私和安全成为消费者对网络定向广告的关注重点。McDonald 和 Faith（2013）指出，尽管网络定向广告运营商对消费者的产品需求和消费偏好较为了解，但是

消费者对其个人信息数据如何被使用知之甚少。Dupre（2015）指出，3/4 的美国消费者认为，网络广告运营商过多地掌握了他们的信息数据，且其中 1/2 消费者认为，这些网络广告运营商违反了隐私法规。消费者对个人信息安全的担忧成为使用网络定向广告的主要障碍（Park，2011）。在网络定向广告情景中，隐私关注是指网络广告运营商对消费者特征和行为数据的收集、分析和使用，引发其对个人信息泄露的关注（朱强和王兴元，2018）。

不同消费者具有不同程度的隐私关注。综合来看，对隐私关注的研究主要集中在消费者行为学、信息技术系统等研究中，现有文献对隐私关注的研究主要从横向和纵向两个维度进行展开，即隐私关注水平和隐私关注类别。具体来看，Westin（2003）认为，不同消费者具有不同程度的隐私关注，并根据隐私关注程度由低到高，将消费者划分为隐私实用主义者、无隐私论者和隐私机要主义者三种类型；Castaeda 等（2004）依据消费者隐私关注类别的不同，将消费者隐私关注划分为对个人信息数据收集过程的关注和对个人信息数据使用过程的关注。

（二）网络定向广告中消费者隐私关注的前置因素研究

有关隐私关注前因的研究大多关注的是消费者对网络广告运营商的缺乏信任、对个人信息的使用机制的不了解（Wu 等，2012）及对个人数据储存安全性的顾虑（Sheehan 和 Hoy，1999）。同时，对于网络定向广告知识的匮乏，导致在面对网络定向广告时，消费者感知到潜在的个人信息和隐私泄露风险，进而引发消费者隐私关注（Cranor，2012）。隐私保护意识较强的消费者会采取删除 Cookie、不保存 Cookie 等手段来控制和阻止广告商对其个人信息数据的收集、处理和使用，进而影响了网络定向广告的效果。例如，White（2008）等对以电子邮件为媒介的网络精准广告进行研究，结果显示当网络定向广告运营商不能够对推荐内容与消费者偏好做出合理解释时，网络定向广告所推荐内容会使消费者产生抗拒心理，进而降低消费者对网络定向广告内容及服务的评价。

在网络定向广告的研究中，学者探究了消费者隐私关注的前置因素。综合来看，可以分为消费者个人因素和网络定向广告因素两大类。首先，消费者对网络定向广告运营商滥用或向第三方提供个人网络行为数据的担忧，都可以引发隐私关注。Dinev 和 Hart（2006）通过研究证明，当面对网络定向广告时，消费者的隐私关注取决于风险与收益两个关键因素。Barnett 等（2008）认为，相对于低隐私关注的消费者，高隐私关注的消费者对于个性化推荐邮件的查看意愿更低。其次，Nowak 和 Phelps（1992）指出，个性化推荐对消费者隐私关注的触发程度取决于消费者对个性化推荐内容的敏感度。网络定向广告推荐产品的广度暗示着网络广告运营商对消费者行为数据的使用程度（Anand 和 Shachar，2009）。因此，深度推荐内容的网络定向广告更能触发消费者的隐私关注。

（三）隐私关注对网络定向广告影响的研究

在隐私关注对网络定向广告影响的研究中，大多数的学者认同消费者的隐私关注会显著负向影响网络定向广告传播效果，导致消费者的广告回避行为。学者从不同视角对其影响机制进行研究，消费者风险感知和信任在隐私关注与网络定向广告效果的关系中起到中介作用（宋卓赟，2014；朱强和王兴元，2018）。为缓解隐私关注所导致的负面影响，学者对其影响机制的调节变量进行了研究。例如，朱强和王兴元（2018）对网络定向广告的失效机制进行研究，结果显示消费者自我效能感有负向调节隐私关注与风险感知间关系，进而影响消费者对网络定向广告的点击意愿。也就是说，相较于低自我效能感的消费者而言，高自我效能感的消费者隐私关注对风险感知的影响较小，进而弱化风险感知对网络定向广告点击意愿的影响。

隐私关注不仅会引发顾客抱怨、负面口碑传播、减少个人信息分享意愿和广告点击意愿（Sheehan 和 Hoy，1999），而且消费者对个人数据的关注，有可能会导致其提供虚假个人数据，降低网络定向广告所使用个人数据的真实性，进而直接影响个性化推荐的准确率等（Awad 和 Krishnan，2006），直接影响网络定向广告推荐内容的有效性。消费者隐私关注与个人信息分享间的关系也受到情景变量的调节作用。例如，Lee 等（2015）在探究网络定向广告情景下，消费者隐私关注与个人信息分享间关系的研究中发现，消费者使用经验对隐私关注与个人信息分享间关系有负向调节作用。这意味着，当消费者有着较多使用经验时，隐私关注对个人信息分享的影响也就越小。

第四节 消费者对网络定向广告响应的相关研究

学者普遍认同网络定向广告效果取决于广告发布商和消费者。在目前的研究中，既有学者从网络定向广告运营公司的视角探究网络广告效果，也有一些学者从消费者视角探究消费者对网络定向广告的响应。学者采用了不同变量和方法对网络定向广告效果进行了评价。根据本书的需要，从消费者视角出发将重点关注网络定向广告点击意愿、网络定向广告点击率、网络定向广告推荐产品购买意愿、网络定向广告采纳和网络定向广告回避等。

一、网络定向广告点击意愿和点击率

网络定向广告点击意愿和点击率反映了网络定向广告所推荐内容的采纳和认可。其影响因素可以分为由网络定向广告运营公司所主导的因素和由消费者所主导的因素两大类。不同学者实证探究了网络定向广告个性化水平对消费者的网络定向广告点击意愿和点击率的影响，并根据影响机制和调节变量的不同得出了不同的结论。在早期的研究中，多数学者认同消费者对网络定向广告比网络广告有着更显著、更高的点击意愿和点击率。例如，Aguirre 等（2015）指出，相较于传统网络广告，网络定向广告能够显著提升消费者的广告点击意愿。

第一，随着学者研究的不断深化，有学者提出个性化深度和广度的不同，都会对消费者的网络定向广告点击意愿和点击率产生不同的作用。例如，Tucker（2014）比较了采用不同个人信息数据所生成的网络定向广告点击率的影响，结果显示相较于采用个人统计特征（如所在学校）数据所生成的网络定向广告，消费者对采用个人兴趣所生成的网络定向广告的点击率更高；Aguirre（2015）比较了个性化程度不同对网络定向广告点击率的影响，结果显示个性化水平对网络定向广告点击率呈现倒"U"形的影响关系。这意味着，伴随着网络定向广告个性化水平的增加，消费者的对网络定向广告点击率显著增长；当网络定向广告个性化达到某一水平后，网络定向广告个性化水平的增加，则会导致点击率显著下降。但是，当消费者隐私保护需求得到满足后，网络定向广告个性化水平越高，消费者的点击率和点击意愿也就越高（Turck，2014）。

第二，也有学者探究了网络定向广告信息收集透明化程度对点击意愿的影响，结果显示网络定向广告运营商采用公开化的信息收集方式能够提高点击率。也有学者探究了情景变量对网络定向广告特征与点击意愿、点击率间关系的作用。例如，Bleier 和 Eisenbeiss（2015）研究零售商可信度对个性化与点击意愿间关系的作用，结果显示零售商可信度正向调节网络定向广告个性化与点击意愿间的关系。也就是说，对于高可信的零售商而言，个性化水平越高，消费者对网络定向广告的点击意愿也就越高。

第三，学者也对网络定向广告点击意愿低的影响因素进行了探究，认为使用经验、低有效性感知、高隐私关注和高心理抗拒都会造成网络定向广告点击率低下（Jai 等，2013）。还有学者指出，消费者特征也能够影响其对网络定向广告点击和采纳意愿。马庆国等（2009）分析了积极情绪对电子商务中的推荐系统（广告）采纳的影响，认为积极情绪通过增加消费者有用性感知和易用性感知，同时降低风险感知，最终显著影响消费者的采纳意愿。

二、消费者对网络定向广告推荐产品的购买意愿和行为

购买意愿是消费者购买某一产品的主观倾向和可能性，该消费心理活动能够有效地预测消费者的购买行为（朱强和王兴元，2016）。在网络定向广告情景下，购买意愿和行为是指在受到网络定向广告传播特征的影响后，消费者对其所推荐产品或服务的主观购买倾向、可能性和行为。

对网络定向广告效果的研究，学者也考察了网络定向广告对消费者购买意愿和行为的影响。例如，Lambrecht 和 Turcker（2013）比较了网络定向广告效果和网络广告效果对消费者购买意愿和行为影响的差别，结果显示受消费者所处购买决策阶段的影响，两种类型网络广告对消费者购买意愿的影响也不同。具体来看，当消费者处于"考虑"阶段，此时消费偏好更为具体，消费者对网络定向广告所展示的产品或服务的购买意愿更高。

学者对网络定向广告特征与消费者购买意愿、行为间关系和影响机制进行了研究。例如，Doorn 和 Hoekstra（2013）指出，网络定向广告会提升消费者的脆弱性感知，进而降低对推荐产品或服务的购买意愿；Summers 等（2016）

探析了消费者感知所发挥的作用，研究结果显示当网络定向广告与消费者感知和行为相匹配时，消费者对网络定向广告所推荐产品有着较高的购买意愿。Liu 和 Mattila（2017）分析了酒店在线预订情景下，基于心理动机所生成的网络定向广告对消费者购买意愿的影响，结果显示网络定向广告特征通过消费者自我品牌联结所发挥的中介作用，对消费者购买意愿产生影响。

三、消费者对网络定向广告采纳和回避的研究

第一，对于网络定向广告采纳的研究，可以分为对网络定向广告及其技术的采纳和对网络定向广告推荐内容的采纳两大类。对网络定向广告及其技术的采纳是指消费者对网络定向广告及其技术的认可和持续使用。在信息系统采纳的研究中，学者从认识和情感两重视角探讨了影响消费者技术采纳的关键因素，研究显示有用性感知、娱乐性感知、正向情感、信任等都促进消费者的技术采纳（Beaudry，2010）。在网络定向广告情景下，也有学者基于理性行为模型、技术接受模型等理论，分析网络定向广告任务—技术匹配度对网络定向广告采纳态度的影响，结果显示，网络定向广告任务—技术匹配度显著正向影响消费者采纳态度，进而正向影响消费者对网络定向广告的采纳行为（赵丽娟，2017；蒋玉石，2017）。对于网络定向广告所推荐内容的采纳主要是指消费者对网络定向广告所推荐内容有着积极的情感和行为响应，主要表现为点击意愿和行为、购买意愿和行为。鉴于上文已对相关文献进行梳理和综述，故本部分不做展开。

第二，网络定向广告回避是指在广告传播过程中，消费者为减少网络定向广告内容暴露，所表现的反应和行为。消费者的网络定向广告回避主要表现为关闭网页、屏蔽网络定向广告等。Cho 和 Cheon（2004）探究了网络广告回避行为的分类，研究结果表明，网络广告回避划分为认知、情感和行为三种类型，并且认为目标障碍感知、广告超量感知和消极体验是网络广告回避的主要影响因素。消费者对网络定向广告回避主要是由消费者信息数据收集、使用行为和消费者隐私关注所造成。例如，Jai 等（2013）探究了消费者数据收集和使用方式的不同对网络定向广告回避的影响，研究结果显示信息数据分享给第三方，会显著提升消费者风险感知和不公平感知，进而显著提升消费者的情感性和行为性网络定向广告回避；Baek 和 Morimoto（2012）探析了网络定向广

告回避的前因，认为隐私关注和广告容忍度（Ad Irritation）会显著提升消费者的情感性广告回避。

第五节　消费者价值感知的相关研究

一、消费者价值感知的定义

消费者价值感知的概念和相关研究来源 Thaler 对感知价值的研究（曹丽等，2016）。Thaler（1985）将感知价值定义为获得与付出的差值。近年来，消费者价值感知已成为市场营销和消费者行为学研究领域中的核心构念（Gounaris 等，2007）。学者根据研究领域和视角的不同，对消费者价值感知做出了概念界定。较早提出该概念的是美国学者 Zeithaml（1988），他指出，当消费者在做出购买决策时，会对决策方案进行比较，选择能够提供最大效用的产品或服务。此时来看，消费者价值感知是消费者对效用与成本的权衡之后，所形成的整体价值认知。随后，学者不断深化消费者价值感知的研究，将其定义为在购买前、购买中和购买后的过程中，消费者对其付出成本和获得收益的权衡（Gale，1994；Goodstein 和 Butz，1996），包括理性因素和感性因素。其中，理性因素是指消费者对产品效用最大化的追求；感性因素则是追求产品所带来的情感收益的主观感知（赵文军等，2017）。

通过对前人研究的分析发现，学者对消费者价值感知的定义不尽相同，这主要是由以下几点原因所造成：第一，研究视角和研究领域的不同；第二，研究对象的主观性；第三，研究对象所处情景的差异。借鉴以往学者所做出的概念界定，并结合网络定向广告的研究情景，本书对消费者价值感知做出如下定义：当消费者采用网络定向广告来获取产品信息时，消费者通过感知利得和感知利失对网络定向广告服务所做出具有主观性的综合评价。由此可知，网络定向广告研究情景下的消费者价值感知具有主观性、动态性和层次性。主观性意味着不同的消费者对同一网络定向广告具有不同的价值感知；动态性意味着对于不同的决策情景，同一消费者也会有不同的价值感知；层次性意味着鉴于消费者对网络定向广告技术原理的认知和使用不同，不同消费者的价值感知也不尽相同。

二、消费者价值感知的维度研究

大量的学者认同消费者价值感知是多维度构念这一观点，但对于消费者价值感知的具体维度划分尚未达成统一。Sweeney 和 Soutar（2001）以耐用品为研究对象，将消费者价值感知划分为功能、情感、社会和成本四个维度；黄斐和王佳（2013）综合国内外学者的研究成果，将其划分为情感、社会、功能、认知和费用五个维度。Gronroos（1997）将其划分为核心价值和附加价值。在电子商务情景下，孙强和司有和（2007）将消费者价值感知划分为信任感知价值和满意感知价值两个维度。并探析了不同维度的前置因素，认为专业性感知、隐私保护和安全性对信任感知有显著正向影响；产品价格、便利性、服务补救策略等对满意感知价值有显著正向影响。郭婷婷等（2015）在定位服务（Location Based Service，LBS）广告点击意愿的研究中，将消费者价值感知划分为付出感知、情景价值、安全价值、社交价值和认知价值五个维度。

在划分维度中，影响较大并普遍认可的是 Sheth 等（1991）等所提出的消费价值论，分为社会价值、情感价值、功能价值、认知价值和条件价值。

三、消费者价值感知驱动和后置因素的相关研究

学者对消费者价值感知驱动和后置因素做出了大量的研究。从整体来看，学者一致认可营销策略、品牌社群特征、购物环境、文化价值观、社会环境等对消费者价值感知具有显著的影响。具体来看，郑文清等（2014）指出，营销策略（产品、价格、广告、价格和商场形象）能够显著提升消费者价值感知，进而提升品牌忠诚度；高晓倩和王丽娟（2014）进一步探析了价格框架对消费者价值感知的影响，结果显示，产品价格的高低和定价方式影响价格框架效应的实现，且价格框架通过感知价值间接影响消费者购买意愿；俞林和孙明贵（2014）对购物环境（包括社会、氛围和设计）的作用进行了探究，认为购物环境的社会性、氛围性和设计性特征皆对消费者价值感知有显著影响，有利于提升企业竞争优势；朱瑾和王兴元（2012）通过对品牌社群特征维度的提炼，得出技术性和参与性特征对消费者价值感知有显著正向影响；铁翠香（2015）进一步分析了推荐信息对价值感知的作用，认为信息显著性和趣味性

能够提升消费者价值感知；潘煜（2009）通过以手机消费市场为研究对象，探析了消费者价值感知在儒家价值观与消费者行为关系的中介作用；俞林和苏淞等（2013）认为，城市化程度不同对消费者价值感知有着影响。也有学者对消费者价值感知的负向影响因素进行了研究，例如，王崇等（2016）针对移动电子商务中消费者价值感知进行研究，认为交易成本（包括搜寻、评价、支付和风险）对消费者价值感知有显著负向影响。

也有学者探析网络定向广告对消费者价值感知的影响。例如，骆疑茹（2016）从感知利得和感知利失两个角度分析网络定向广告与情景的一致性对消费者价值感知的作用，研究结果显示，广告与情景一致性有利于提升有用性感知，降低隐私风险感知。张晴柔（2017）分析了社交网络个性化广告特征对消费者价值感知的作用机制，认为感知有用性对个性化广告会产生积极影响，而隐私使用则会产生消极影响。郭婷婷等（2015）分析感知价值对基于位置的定向广告点击意愿的影响，认为消费者感知价值对 LBS 广告点击意愿有着显著的正向影响，且受到关系类型（信任 VS 偶遇）的调节作用。

第六节　消费者信任的相关研究

一、消费者信任的概念内涵

信任是对他人意愿或行为保持积极期待的一种心理状态（Rousseau 等，1988）。有鉴于信息不对称和互联网固有的不确定性，信任在网络行为的研究中尤为重要。不同研究领域的学者对信任做出了非常丰富的研究成果，并且依据研究视角的不同对信任做出了不同的概念界定，探析了信任的形成机制、驱动因素和作用结果。本书主要关注网络定向广告对消费者信任的影响因素，故将市场营销、消费者行为学和电子商务研究领域的消费者信任的相关研究成果作为研究基础和评述重点。

由于在电子商务的研究中，信任客体具有多样性特征，因此，消费者信任有着特定的内涵。学者对电子商务情景下的消费者信任定义以及概念框架做出了研究。最早对电子商务中消费者信任做出概念界定的是 Mayer 等（1995）。
Mayer 等（1995）将消费者信任定义为消费者对企业行为的一种期望，期望服
务供应商能够按照消费者意愿和期待执行企业活动。通过对市场营销、消费者
行为学和电子商务等研究领域的消费者信任的文献检索，表 2-4 列举具有典
型代表性的消费者信任的概念界定。

表 2-4　不同领域学者对消费者信任的概念界定

研究领域	学者	年份	定义内容
电子商务	Mcknight 和 Chervany	2002	消费者对电子商务服务供应商不暴露消费者弱势的期望，期望供应商做出善意、能力和可预测的行为
	Pavlou 和 Gefen	2004	消费者对电子商务服务供应商的可信性和善意感知
	Jarvenpaa 等	1999	消费者与电子商务服务供应商间交换关系的治理机制
	鲁耀斌	2005	在不确定性的环境下，消费者依赖电子商务服务供应商的意愿
市场营销	Ganesan 等	1997	消费者依赖于企业、产品或服务的意愿
	Doney 和 Cannon	1997	对企业、产品或服务的可信度和善意度的认知和感知
	Dyer 和 Chu	2003	消费者对企业等可信任的信心，对企业等诚信、能力和善意的可识别的效能感知

资料来源：笔者根据文献整理。

　　由表 2-4 中可知，在电子商务的研究中，学者侧重于从消费者对电子商
务服务供应商的依赖意愿和交换关系两个视角对消费者信任做出定义。在市场
营销和消费者行为学的研究中，学者多是从认知和情感角度，对消费者信任做
出定义。其中，认知角度多是依据企业等的可信任特征（诸如）所形成的积
极信念，情感角度则多是体现依赖企业等的意愿。虽然学者对消费者信任的概
念界定尚未达成一致，但都将不确定性、积极期望、能力认知、情感认知和潜
在伤害等作为消费者信任的核心要素。同时，信任关系的建立至少需要两方的
参与，即信任主体（如消费者）和信任客体（电子商务服务供应商、企业、
产品或服务）；信任是基于消费者信息不对称、风险不确定性等条件；信任消
费者对信任客体行为可靠性等积极预期。

　　综上所述，结合本书研究，对消费者的网络定向广告信任做出如下定义：

在网络定向广告情境下，消费者为降低信息不对称和不确定性，获得真实有效的产品信息，消费者依据网络定向广告服务商的能力、诚实、善意和可预测性等因素，对网络定向广告服务商所提供信息和使用技术的依赖意愿。从该定义可以看出，网络定向广告情景下的消费者信任目的是在降低风险感知和不确定的前提之下，获得最有用的产品信息；信任关系的主客体分别为消费者和网络定向广告服务供应商；消费者对网络定向广告信任的产生依据是服务供应商的能力、诚实、善意和行为可预测等因素；消费者信任更多地表现为消费者对网络定向广告及服务供应商的依赖关系。

二、消费者信任的维度

尽管大量学者认同消费者信任是多维度构念，但对于消费者信任是由哪几种维度构成尚未达成统一。消费者信任划分依据的不同导致了维度数量的不尽相同，大多数学者将消费者信任分为二维度、三维度、四维度和五维度等。表2-5列举了具有代表性的消费者信任维度的划分。其中，被研究者广泛采用的消费者信任维度划分为 Giffin（1967）所提出的三维度划分法。Giffin（1967）指出，消费者信任包括能力信任、正直信任和善意信任，其中，能力信任是指消费者对企业实现目标能力的信任；正直信任是消费者对企业遵守双方约定的信任；善意信任是消费者对企业维护其利益不受损失的期望。

表2-5 不同学者对消费者信任维度的划分

维度	具体维度	学者
二维	认知信任、情感信任	Mcallister，1995；Johnson 等，2005
	技术信任、关系信任	Ratnasingam，2005
	使用前信任、使用后信任	林家宝，2011
	事先信任、后续信任	易牧农，2011
	初始信任、持续信任	McKnight 等，2002；Rousseau，1988
三维	正直信任、能力信任和善意信任	Giffin，1967；Mayer 等，1995
	个人信任、人际信任和制度信任	Tan，2004
	购前信任、购中信任、购后信任	马书刚等，2007
	初始信任、一般信任、持续信任	罗汉祥等，2016

续表

维度	具体维度	学者
四维	能力信任、善意信任、诚信信任、可预测性信任	McKnight 等，2002
五维	信任倾向、组织信任、信念、意图、信任行为	Mcknight 和 Chervany，2001
六维	制度、行为、技术、交易、信息、产品	Kim 等，2005
	消费者行为、制度、信息、产品、交易、技术	鲁耀斌和董圆圆，2005

资料来源：笔者根据文献整理。

三、电子商务情境下的消费者信任研究

以往对电子商务信任的研究可以分为两类：第一类聚焦于消费者信任的驱动因素和形成机制；第二类聚焦于消费者信任对其后置因素的影响。

首先，从消费者信任的驱动因素和形成机制来看，研究人员分别探析了消费者对电子商务信任的驱动因素和电子商务信任的动态形成机制。对于电子商务情景下的消费者信任的研究，学者将影响消费者信任的因素分为企业特征因素、网站特征因素、消费者特征因素和制度特征因素四种。其中，企业特征因素包括企业声誉、企业社会责任、商业模式、产品质量等，例如，林家宝等（2015）以生鲜农产品电子商务为研究情景，综合性地分析了产品内在质量、外在质量和价值感知对电子商务信任的积极影响，指出消费者对产品质量的认可度越高，消费者感知价值越高，则消费者的信任水平和依赖水平就越高；网站特征因素包括服务质量、信息质量、网站设计等，例如，赵宏霞等（2015）关注了购物网站在线互动特征对消费者信任的影响机制，研究表明，在线互动有助于提高临场感，降低风险感知，进而显著提升消费者信任；消费者特征因素包括购物体验、消费者创新性、信任倾向等，例如，甘春梅等（2017）探析了社会化商务环境下消费者主导因素对消费者信任的影响，通过研究发现自我概念一致性和购物经验对消费者信任起到促进作用，这是因为当企业或平台与消费者的理念相匹配或消费者网购经验增多时，能够使消费者对电子商务平台有着较高的认可度、熟知程度和满意度，进而对其有较高的信任度，但值得关注的是在其研究中信任倾向对消费者信任不产生影响，这主要是因为消费者对社会化商务购买行为的不熟悉使消费者更倾向于采用信息、情感等逐步建立

信任关系；制度特征因素包括第三方认证、社会规范、交易安全、隐私保障等，例如，Zhang 等（2016）强调消费者所感受到的社会压力也会促进消费者信任的形成，也就意味着当消费者所重视的他人对电子商务服务及其供应商有着较高的评价和口碑传播行为时，消费者也将更加信任该电子商务服务及其供应商。

同时，也有大量学者研究上述四个驱动因素对消费者信任的负向影响机制。产品危机、服务失败、企业对产品危机消极响应（不及时、不主动等）都会负向影响消费者信任。在电子商务环境下，服务质量未达到消费者期望（结果失败）和服务过程中未有良好的体验（过程失败）都会触发消费者的信任违背感知（Bitner 等，1990；Mohr 等，1995）。其影响机制主要涉及消费者心理契约违背（贾雷、涂红伟和周星，2012），具体来看，当产品危机发生时，消费者感知到企业违背了其心理契约，此时消费者对企业的信任受损。Gillespie 和 Dietz（2009）指出，消费者信任修复主要是通过减少不信任感知和强化可信性感知两个机制来发挥作用。这意味着，在信任修复过程中企业采用减少不信任感知的策略来降低消费者的负面态度，同时也需要采用强化可信性感知的策略来重新树立消费者的正面期望。随后，韩亚平（2014）对产品危机等负面溢出效应所导致的消费者信任受损，提出了具体的信任修复策略，包括功能性修复策略、情感性修复策略和信息性修复策略，并且实证验证了信任修复策略不同维度对消费者信任的作用机制和路径。

其次，从消费者对电子商务信任的形成机制相关研究来看，大多数研究集中于消费者信任如何形成，同时也有学者关注消费者信任修复的相关研究问题。从早期对消费者信任的研究来看，学者主要探讨如何使用驱动因素来形成和保持消费者信任，没有考虑处于不同信任周期（Fung 和 Lee，1999）的消费者信任的影响因素和作用结果的差异性，此时多将消费者信任视为静态变量进行研究。随着研究的不断深化，学者逐渐认识并指出，信任形成是一个动态演化过程（Lewicki 等 1996，2006；Schweitzer，2007），该过程包括初始信任形成阶段和持续信任形成阶段。具体来看，初始信任是指消费者与电子商务提供商首次交互所产生的信任感知，主要依赖对网站特征和企业特征的感知来形成信任关系（陈明亮等，2008），并且对后续信任机制的形成具有重要影响。具有初始信任之后，消费者将会根据过往使用和交易经验对电子商务供应商保持和巩固信任关系，此时消费者对电子商务具有持续信任（李慢和马钦海，2013）。因此，企业持续能力、持续诚实和持续善意成为消费者信任的主要保健和激励因素（Riegelsberger，2003）。当企业意图、行为与消费者期望不一致时，消费者就会产生信任违背感知。在这种情况下，无论消费者信任处于何种阶段，都将变为信任违背。信任违背是消费者对企业没有实现其期望的感知（Tomlinson 等，2004；贾雷等，2012）。

最后，学者还对电子商务信任的后置因素做出了大量的研究。相关研究多集中于电子商务对消费者行为、企业营销绩效等的影响。从电子商务对消费者行为影响的研究来看，大量学者证实并认同电子商务信任能够提升消费者的积极态度、消费者满意度、消费者忠诚度、口碑传播、消费者购买意愿和行为等（裴贤和梁文玲，2010）。同时也有学者探索了信任违背对消费者的影响。例如，Lewicki 和 Bunker（1996）指出，信任违背会对消费者心理产生认知不一致感知，并破坏消费者信任意识和倾向。信任违背还会对消费者行为产生影响，导致消费者满意度降低（Kim，2004）、重复购买意愿下降、产生负面口碑传播行为（Wang 等，2007）。

第七节　相关研究评述

本章对网络定向广告、消费者价值感知、消费者风险感知和消费者信任的相关文献进行了回顾和梳理，夯实了研究基础，对相关概念有了较为清晰的掌握和理解。通过对网络定向广告的相关研究发现，以往学者主要集中于网络定向广告特征、消费者特征对消费者响应的影响的研究中。虽然前人在网络定向广告对消费者态度、行为意向的研究中取得了一定的研究成果，但仍存有一定的不足。

第一，信息系统和计算科学研究领域内的学者多是探索如何通过优化定向技术和算法模型来提升定向广告效果（郭心语等，2013），缺乏对消费者心理层面的关注，这就很可能导致网络定向广告运营商和技术人员所认为具有技术创新的定向广告反而出现消费者点击意愿低的悖论。

第二，结合本章的综述可知，对于网络定向广告的研究，市场营销和消费者行为学等领域的学者都是将个性化水平、信息收集公开化等单一维度作为主要特征，探索其对消费者态度、行为意向的影响。多数研究认同由于网络定向广告的技术内生性，使其以收集、分析和使用消费者个人信息数据为核心技术诉求，这也就内生地带来消费者隐私关注问题。研究表明，网络定向广告的个性化水平能够显著提升消费者有用性感知和个性化服务感知，但同时也会带来负面感知（如风险感知和脆弱性感知等）。但并未有研究以系统性的思想，得出整合性的网络定向广告特征，使网络定向广告能够在保障消费者隐私信息安全的情况下，获得与其需求相匹配的产品或服务信息。这也就导致消费者对网络定向广告"既爱又恨"。

第三，现有文献对于网络定向广告采纳的研究不够深入，多数文献从感知利得和感知利失的视角，探析了消费者对网络定向广告的态度和响应。网络定向广告除了能发挥传播广告信息的作用之外，还能起到对使用者自我特征的外显作用。鲜有学者对网络定向广告的这一作用进行研究。从现有文献来看，Summers 等（2016）基于自我知觉理论，得出对于消费者而言，网络定向广告起到了隐形社会标签的作用。当消费者了解网络定向广告的运行机制后，他们知道营销人员已对其进行了推断。此时，网络定向广告提供了自我特征的外显，引导消费者调整其自我认知并利用这些认知来决定购买行为。虽然 Summer 等（2016）指出，网络定向广告对消费者特征的外显能影响消费者购买决策，但未对自我特征外显对消费者其他消费行为的影响做出进一步的探索。

第四，现有文献关于消费者对网络定向广告响应机制的研究中，多是以技术接受模型和计划行为模型为理论基础，探究网络定向广告特征通过感知有用性和感知易用性来提升消费者点击和采纳意愿。与感知易用性和有用性相比，消费者价值感知能够更加准确地预测消费者信任、意愿和行为。这是因为，只有当消费者处于理性价值感知和感性价值感知并存情境下，消费者才会对网络定向广告产生持续性信任、意愿和行为。

第三章　消费者对网络定向广告认知和影响因素研究

相较于传统网络广告，网络定向广告最大限度地解决了广告内容与个体消费者需求不匹配的问题，提升了消费者的广告内容相关性感知。一方面，网络定向广告使消费者在不同的网络浏览行为中，将稀缺的注意力资源分配到网络定向广告所呈现的信息上，触发消费者注意，提升广告转化率。另一方面，由于网络定向广告是以收集、分析和使用个体消费者信息数据为基础，容易引起消费者对个人数据隐私被挪用、盗用或不正当使用的担忧，进而触发消费者对网络定向广告的心理抵抗。同时，网络定向广告的过度使用也会造成消费者的产品信息渠道过于狭窄，对推荐媒介过度依赖、关键性消费决策支持信息缺失等信息茧房效应（张瑜烨等，2018 年）。由此可见，为了更好地掌握网络定向广告信息推荐质量的内涵和作用机制，有必要从多视角对网络定向广告的特征以及对消费者响应的作用机制进行细致分析。从整体来看，首先，本章对个性化营销与网络定向广告间的逻辑关系进行分析；其次，从企业的视角提出了网络定向广告的技术悖论，探讨了解决之道；最后，从消费者的视角探讨网络定向广告效果的影响因素，其中，包括积极影响因素和消极影响因素。

第一节　个性化营销与网络定向广告

一、个性化营销的内涵

著名学者科特勒（2010）将市场营销界定为企业为从顾客处获得利益回

报而为顾客创造价值并与之建立稳固关系的过程。简单来说，市场营销就是管理有价值的客户关系。对于消费者而言，接触企业市场营销行为是为了获得价值和福利；对于企业而言，开展市场营销战略和策略是以为消费者创造价值为前提，发展和留住顾客。麦卡锡（1960）在其所出版的《营销学》教材中提出，经典的营销4P理论，包括产品、价格、渠道和促销，企业的营销战略和策略应从这四个方面为消费者创造价值。同时，由于制造业的批量化产品生产，经典市场营销理论都是以群体性消费者为营销和服务主体，这不仅造成营销成本高、营销效率低的后果，还使营销战略和策略不能很好地满足个体消费者的产品和信息需求。随着制造业和信息技术的不断深化发展，学界和业界的营销研究和实践不断下沉并聚焦于更为微观的个体消费者，这也就使以满足个体消费者需求为主的个性化营销得以发展。

个性化营销就是企业通过对消费者个人的多维信息数据获取与分析，洞悉个体消费者需求，向消费者提供与其个人需求高度匹配的产品和服务。曾伏娥等（2018）依据消费者对个人信息被使用的敏感度的不同，将个性化营销划分为"低信息敏感度的个性化营销和高信息敏感度的个性化营销"两个维度。通过实证得出，当使用消费者的低敏感信息进行拟人化沟通时，消费者对个性化营销所呈现的内容具有较低的隐私忧患感知。同时，使用消费者的高敏感信息进行拟人化沟通时，消费者对个性化营销所呈现的内容有较高的隐私忧患感知。学者证实使用低信息敏感的个体消费者信息，可以显著降低消费者的隐私关注。但是，低信息敏感意味着只能用到消费者的性别、年龄等信息，并不能为个体消费者提供与其需求具有较高匹配度的个性化营销服务。此时，消费者的隐私担忧显著降低，但未必能够提升消费者满意度和个性化营销效果。这意味着，高绩效的个性化营销服务既要恰当地收集、分析和使用消费者个人信息保障营销服务的个性化，又要通过有效措施保障消费者对个人数据的心理安全感知以降低消费者隐私忧患。

二、个性化营销的基本特征分析

基于以上分析可知，高绩效的个性化营销服务需要具备两个基本特征：

第一，高度与消费者需求相关。高质量的个性化营销的相关性分为两种类型，即偏好相关性和情景相关性。首先，偏好相关性是指通过对消费者的人口统计特征数据、网页浏览记录、网络购买记录等信息数据的收集、分析和使用，进而预测消费偏好，提供与消费者偏好相匹配的个性化营销服务。偏好相关性又可以细分为属性相关性、信息相关性和喜好相关性。相关性可以显著提升个性化服务与消费者购买目标和自我图式的相关性和契合度。相关性还可以有效降低产品搜寻成本。由此来看，个性化营销的相关性能够提升消费者黏性，形成较高的消费者满意度。其次，情景相关性是指通过智能设备收集、分析和使用消费者情景数据，对消费者所处的周围环境进行预测，并及时向消费者传递与其情景需求相契合的个性化营销服务。情景相关性具有以下三个维度：上下文相关性、实时相关性和实地相关性。个性化营销的情景相关性得益于快速发展的物联网、移动互联网技术和智能终端设备技术。借助于智能终端设备（如智能手环、AI设备等）和移动网络（黄国青和陈雪，2017），个性化营销服务预判消费者所处的环境（如时间和地点等），进而提供与消费者偏好和情景相匹配的产品信息和服务。同时，消费者需求具有情景敏感性（袁静和焦玉英，2009），这也使高效的个性化营销越来越需要情景信息的支持。与以往的传统网络广告不同，具有情景精准化传播特征的网络定向广告预测消费者的位置状态、时间状态和网络环境状态，进而向单个消费者传递产品或服务信息。例如，美团网的网络定向广告能够借助于消费者的位置数据，传递距离消费者最近的，并且符合其口味的餐厅或菜肴。

同时，具有情境相关性的个性化营销服务能够依据情境信息，主动向消费者传递其在该地点或时间点可能所需的产品信息。个性化营销的情景相关性对情境信息的收集、使用和分析，综合使用消费者偏好信息和消费者的情境感知，提供实时的有针对性的广告内容，减少消费者为情境匹配付出的时间和精力等。这意味着对消费者而言，情景相关性能够为消费者提供减少消费者的努力期望（作出消费决策需要付出的努力程度），提供了便利条件，大大简化了购买决策过程，提高消费者的工作生活效率，增强工作和生活的流畅性和一致性。同时，具有情景相关性的个性化营销服务能够使消费者在使用过程中产生积极的消费体验。同时，相较于消费者以往的产品认知，广告内容具有价格、质量或配置等产品属性上的相对优势，超出消费者可接受的期望水平，继而触发消费者的积极情绪（如愉快、欣喜和快乐等）。此时，消费者具有较高的满意度和感知效用。例如，智能冰箱上的个性化营销服务系统能够对单个消费者的食品消费状况进行情景感知，当冰箱内食品存量不多时，会自动依据消费者以往的消费偏好，进行食品推荐，使消费者的生活更加便捷减少了生活负担，同时也带来了良好的购物体验。

第二，有效降低对消费者个人信息收集、分析和使用所带来的隐私忧患。与经典市场营销实践相比，个性化营销基于对消费者信息数据的分析，洞悉消费者需求。这意味着个性化营销必须以收集、分析和使用消费者行为数据为先决条件。依据信号理论（Signaling Model），在对与个体消费者需求相关的产品信息呈现的同时，个性化营销服务也向消费者传递了其个人信息数据已被广告运营商所收集、分析和使用的信号（曾伏娥等，2018；Anand 等，2009）。当消费者对网络定向广告的推荐机制缺乏了解时，往往都会通过主观直觉生成解释（曾伏娥等，2018）。此时，消费者通常会将个人信息数据的被收集行为解释为存在个人数据面临暴露的风险感知，进而会阻止对个人信息数据的收集行为，甚至对个性化营销服务产生心理抗拒。

为了有效降低消费者的隐私忧患，学界和业界都进行了不同程度的研究和尝试。首先，改变消费者对个性化营销的消费者信息数据使用的认知偏差。通过增强消费者知识来使消费者对个性化营销的信息技术有着更为深刻的认识。消费者知识是指消费者通过长期的消费认知和行为所积累的与企业、产品和营销策略有关的经验（Jacby 等，1986）。汪涛等（2010）认为，消费者知识包括两个维度，即产品使用经验和相关知识。产品使用经验主要来自消费者通过对产品和服务的直接使用所获得的一手经验；相关知识是消费者对产品和服务的组成结构和所使用技术的了解。张蕾和高登第（2018）指出，相对于高消费者知识的消费者而言，低消费者知识会提升消费者对暗示性广告的态度和意愿。当消费者有着较为丰富的知识时，消费者对产品和服务所使用的技术有着更好的理解（Meeds，2004；汪涛等，2010）。此时，消费者不会依赖于主观直觉，相反会更多地依赖于所掌握的使用经验和产品知识。对于个性化营销服务而言，具有较高消费者知识的消费者通过对个性化营销服务的使用经验和认知，可以清楚地了解个性化营销服务对其个人信息数据收集、分析和使用的技术及数据安全保障技术。这就意味着，相对于消费者知识低的消费者，高消费者知识的消费者通过对个性化营销服务的数据安全技术的认知，可以打消对其个人信息数据被滥用和盗用的数据隐私顾虑。

学者和从业者不断探究和实践将有效的营销策略融入个性化营销中，以缓解消费者的隐私忧患。例如，Tami 等（2019）探析广告透明度（Ad Transparency）的作用，即广告商披露其是如何对消费者个人信息数据进行使用，进而生成广告内容。通过研究指出，在广告展示的平台之外获取的数据以及通过运营商推测所生成的广告内容，通常会被消费者认为是不可接受的信息流。此时，相对于个性化需求，消费者会更加注重其数据隐私。同时，企业可以增强消费者对其展示广告平台的信任度，来缓解不可接受的个人信息数据收集、分析和使用技术所带来的隐私顾虑。通过实验方法，学者证实广告透明度对广告效果的提升发挥着重要作用。Facebook 已将增强透明度应用到其社交网站上的定向广告中，用户在浏览广告的同时，也会看到"页面信息和广告"的标签。通过对该标签的浏览，用户可以看到过去使用过的网名、修改记录及账号创建时间。用户可以依据自己的信息偏好，对所呈现的广告进行选择。曾伏娥等（2018）从拟人化沟通的视角对个性化营销中的隐私担忧进行了分析，认为拟人化沟通可以缓解基于低信息敏感度所生成的个性化营销服务所导致的消费者隐私担忧。拟人化沟通是指企业在与消费者互动的过程中，采用人与人之间的交流范式进行品牌和产品的沟通。只有当涉及消费者性别、年龄和职业等具有较低敏感度的信息时，企业采用拟人化的沟通策略才可以降低消费者对企业收集其个人数据的担忧。在短信营销中，企业可以向其顾客以拟人的方式发送包含消费者信息数据的营销信息。例如，"美女，你最喜爱的××品牌上新了，快来挑选吧"。

政府主管部门和企业主体可以通过法律规范和行业自律，提升消费者在体验个性化营销服务过程中的个人信息数据的心理安全感知。政府主管部门通过法律的形式，明确具有哪些资质的企业可以进行哪些个体消费者信息数据的收集、分析和使用；明确其对消费者信息数据收集、分析和使用的目的及内容范围；明确其对消费者信息数据收集、分析和使用的技术方式等。进而从法律的角度规范企业主体行为，建立消费者对企业的信息数据收集行为的信任，形成良好的数据安全生态环境。钟海燕等（2018）指出，在企业对个体消费者信息数据收集的合法制度的建设上，欧盟、日本和中国等国家已形成法律法规。企业在对消费者信息数据进行收集、使用和分析时，采用通告的形式使消费者知晓其哪些个人信息数据被收集，如何被使用等，并向消费者提供其个人信息数据如何不被收集、使用和分析的技术支持。欧美国家的广告行业协会通常采用图标、标志和口号等作为其进行消费者个人信息数据收集的标识，使消费者知晓企业对其个人信息数据的收集行为。齐爱民和佟秀毓（2018）分析了美国的网络定向广告业界的自律机制，认为美国已建立完整的消费者信息数据保护的自律机制。该自律机制既可以灵活地保障不同消费者个人信息数据安全，还可以促进行业良性循环发展。齐爱民和佟秀毓（2018）还指出，美国网络定向广告的自律组织不仅只有广告行业协会，还包括"广告主自律组织、媒体自律组织和跨领域自律组织"。不同的自律组织有着不同的运行机制，但都包括了技术自律标准和道德自律标准。

综合来看，个性化营销是以个体消费者信息数据为基础，为消费者提供高满意度的体验价值。由以上对个性化营销特征的分析可知，个性化营销价值正向取决于偏好相关性和情景相关性，负向取决于消费者个人信息数据忧患。同时，能够有效降低消费者隐私忧患的营销策略（如拟人化、消费者知识和信任等）极大地提高了消费者的个性化营销价值感知。

三、个性化营销与网络定向广告间关系辨析

个性化营销贯穿于所有的营销策略，在不同的营销策略中表现为不同的形式，并发挥着重要作用。具体来看，在产品策略上，企业可以通过定制性的产品生产，以满足个体消费者的产品需求。在价格策略上，企业可以分析个性消费者的需求和价格敏感度等，以定制化的产品为依据，进行个体消费者层面的差别化定价，以提升消费者福利。在渠道策略上，鉴于企业对个体消费者信息和需求的了解，可以采用更为扁平化的渠道形式，建立更多直接面向个体消费者的终端。在促销策略上，通过对消费者个体信息数据的收集与分析，企业能够追踪到个体消费者的产品和服务需求，进而可以向个体消费者精准推送产品和服务信息。

企业通过各种促销手段将产品信息传递给消费者，吸引消费注意，进而激发消费者对产品的购买意愿和行为。依据接触形式的不同，促销可以分为直接促销和间接促销。直接促销包括人员推销等形式，间接促销则是通过媒介向众多消费者传递产品信息。广告是企业常用的间接促销手段之一。依据传播媒介的不同，广告可以分为电视广告、报纸广告、电话广告和网络广告等。虽然广告可以传递产品信息，提高企业品牌和产品的知晓度，提升品牌竞争力，引导

和培育潜在消费者，但是传统广告具有目标客户不明确，转化率低的弊端。伴随着互联网技术和大数据技术的不断完善，网络定向广告应运而生。网络定向广告正是个性化营销在促销策略上的具体应用和体现。通过对消费者个人信息数据的收集、分析和使用，网络定向广告呈现出与消费者偏好和情景有着较高相关性的产品信息，能很好地满足消费者的信息需求，吸引消费者注意力，进而提升广告点击意愿和转化率等广告效果。网络定向广告是运用数据分析和挖掘技术收集并分析源于个体层次消费者的多元化网络行为及信息数据，来预测消费者产品需求与偏好，并以此为定向依据，进而通过传统互联网及移动互联网为个体层次的消费者推送与其偏好相匹配的产品信息的新型网络广告。网络定向广告不仅能够将最符合消费者偏好的广告信息传递给消费者，而且还能够做到在恰当的时间或恰当的地点，将最恰当的产品信息推荐给个体消费者（Tam和 Ho，2006）。

第二节　网络广告与网络定向广告

一、网络广告的发展

网络广告的最早形式可以追溯到 1994 年美国《连线》杂志在其网站主页上为 AT&T 等客户所做的横幅广告。随着互联网技术的不断进步，网络广告也在不断地发展。网络广告的核心是通过互联网，将产品和服务信息内容传送到消费者所使用的通信终端，进而向消费者呈现产品和服务信息。相比于传统媒介广告，网络广告的成本更低，受众更广，广告形式多样。网络广告已成为企业和品牌的主要促销手段。同时，移动互联网的快速发展，带动了网络广告向移动端网络广告的倾斜，使网络广告结构更加完善。移动互联网广告已成为媒体平台（如社交媒体、视频网站平台）的主要广告形式。鉴于中国互联网用户规模的持续扩大，中国互联网广告市场也保持着较高的增长速度。据《2018 年中国互联网广告发展报告》显示，2018 年我国网络广告的总体规模达到了 3694 亿，较 2017 年增长了 24.2%。其中，移动互联网广告收入占比达到 68%。虽然百度、腾讯和阿里巴巴占据了网络广告市场的绝大多数份额，但是新兴移动互联网媒体平台（如微博、今日头条等）依靠其内容、技术和商业模式，逐步扩充其市场份额。同时，伴随着网络广告的发展，政府主管部门对于网络定向广告的监督和规范管理也日趋完善。

与传统媒体广告相比，网络广告可以不受时间和地点的限制，传播速度快，受众范围更为广泛。网络广告突破了传播载体单一性的限制，广告内容更为丰富，可以灵活地将文字、图片、声音和视频等多种形式进行单一或组合使用，将产品和服务信息更为生动形象地传递给消费者。传统广告只是将产品和服务信息单向地由企业和广告商传递给消费者，而在网络广告情景下，企业、广告商和消费者间的信息具有双向流动的特征。也就是说，网络广告还可以收到来自消费者的信息反馈，进而优化广告效果。

虽然网络广告具有传统广告不可比拟的优点，但网络广告也存在诸多的不足。首先，由于网络广告行业的迅速发展和初期的监管不力，导致一些网络广告运营商违法违规投放虚假广告（如医疗、保健品行业的网络广告），使消费者权益受到侵害，导致消费者对网络广告有着极为负面的评价和不信任感。其次，由于网络广告的投放成本低，网络广告商尽可能多地在互联网和移动互联网投放广告，导致网络广告无处不在（诸如网络广告密集现象），不仅导致互联网用户的信息处理超负荷，还严重影响互联网用户的浏览体验。进一步使互联网用户对网络广告产生抵触情绪和回避行为。互联网用户对网络广告的回避行为，会进一步导致网络广告转化率低和广告效果差的后果。

二、网络广告与网络定向广告关系辨析

艾瑞咨询集团在《2018 年中国网络广告市场年度监测报告》中指出："2018 年我国网络广告市场的核心要素包括资源、渠道、内容、技术和数据。"对于传统网络广告而言，拥有资源、渠道、内容和技术中的一个或多个核心要素就可以取得较好的广告效果。当前，随着数据挖掘技术和数据分析技术的成熟，客观的个体消费者信息数据已成为网络广告必不可少的核心要素。通过对信息数据的收集、分析和使用，广告运营商可以对其他核心要素进行最优的组合，通过恰当的渠道将恰当的内容投放给需要的消费者，提升广告转化率，获得更高的营销绩效。

由于数据收集、分析技术创新和定向投放技术创新的驱动，定向广告已成为网络广告的发展趋势。Digiday 和 Pubmatic（2011）在对网络定向广告前景进行预测时指出，2011 年会有 97% 的广告主采用定向技术。据 Videology 的2017 年第二季度报表显示，在美国具有定向广告特征的网络视频广告已达67%（转引自互联网数据资讯网，2017），其中，以人口属性为依据的网络定向视频广告最受欢迎。相较于传统的网络广告，网络定向广告的核心优势是对消费者个体数据的获取。通过对消费者个人信息的收集和分析，网络定向广告运营商预测个体消费者的性别、年龄、地理位置、购买能力和潜在需求等，进一步生成消费者画像。依据消费者画像，网络定向广告运营商通过各种可能渠道向个体消费者投放能够满足消费者信息需求的产品和服务信息。例如，"人人车" App 在其平台内借助于数据挖掘和分析技术分析消费者的二手车浏览数据，识别其汽车型号、价格等偏好，实现产品和服务的精准推荐。同时，与传统网络广告相比，广告主对网络定向广告有着较高的支付溢价。美国电子广告联盟（Digital Advertising Alliance）的调研结果显示，广告主对网络定向广告的支付价格是传统网络广告支付价格的 3 倍。消费者个体数据是网络定向广告运营商决定将哪些广告内容以什么渠道推送给哪个消费者的重要参考依据。这就需要网络定向广告运营商客观地获取真实个体消费者信息数据，并采用有效的算法生成消费者画像。网络定向广告运营商对广告的投放以数据为决策依据，对于广告呈现可谓"靶向投放"，将广告内容呈现给具有需求的消费者，过滤掉非目标人群，有效解决了传统网络广告受众不明确的痛点。

第三节　消费者对网络定向广告心理抗拒和
规避行为的影响因素分析

网络定向广告运营商对个体消费者信息数据的收集、分析和使用的根本目的是预测其产品偏好和潜在需求，以便向个体消费者推送与其需求相关的产品和品牌信息。从业界的实践和学术界的研究来看，虽然网络定向广告的点击率显著高于传统网络广告，但是消费者对网络定向广告仍存在不同程度的心理抗拒和规避行为（宋红娟等，2017；邹周，2018）。由于定向技术所导致的消费者对网络定向广告的消极态度和行为，是网络定向广告运营商始料未及的结果。对于定向技术所导致的消费者的消极态度和行为，也违背了网络定向广告运营商的初衷。

心理抗拒（Psychological Reactance）是指在人们的自由受到威胁或限制时，所被唤起具有反抗意图的心理状态（吴水龙等，2018；王松等，2018）。王素素（2018）在研究中总结了 Brehm（1966）所提出的心理抗拒程度的影响因素，即人们对自由的期望程度、自由的重要程度、自由所受到的威胁程度和对其他自由的影响程度。当消费者产生心理抗拒时，其会具有重新获得自由和控制权的意识状态。

网络广告规避是指为减少网络广告所带来的影响，媒体用户所采取的行动（Speck 和 Elliott，1997；Cho 等，2004；范思等，2018）。Chang 和 Hoan（2004）依据经典心理学研究框架，将消费者的广告规避策略细化为认知规避、情感规避和行为规避。其中，认知规避是指消费者对网络广告的忽视；情感规避是指消费者对网络广告具有持续的负面评价和抵触态度；行为规避是指消费者为减少网络广告的干扰，采用技术等手段对广告的直接规避行为。对于网络定向广告而言，消费者删除手机和电脑的信息浏览记录，使用技术手段阻止广告运营商对其个人信息数据的收集等都是广告规避行为。

有鉴于此，本节将依据技术接受模型（Technology Acceptance Model，TAM）、单点登录模型（Single Sign On，SSO）等经典理论，对消费者在接触网络定向广告过程中可能触发其心理抗拒和规避行为的因素进行识别和分析。

一、网络定向广告运营商对消费者信息数据的收集行为

网络定向广告以对消费者信息数据的收集为基础。网络定向广告运营商对消费者信息收集模式主要有三种，即直接收集模式、间接收集模式和网络服务商收集模式。直接收集模式是指网站或手机应用程序运营商直接通过技术手段（如调取 Cookie 信息等），获得消费者在其网站或应用程序中的历史浏览记录、支付记录、账号信息等个人信息，以预测消费者的偏好和潜在需求。在该消费者浏览和使用该网站或应用程序时，运营商会在其网站或应用程序中向消费者投送定向广告。常见的购物网站内定向广告就是采用的直接信息收集模式对个

体消费者信息数据进行收集。间接收集模式主要是网络广告平台所采用的信息收集模式，网络广告平台与广告运营商和网站签约，并采用一定的技术对个体消费者在各个网站的所有历史浏览记录、账号信息等进行收集，以全面预测消费者的潜在需求。在该消费者浏览与该平台签约的网站时，网络广告平台则会依据其对消费者的需求预测，在该网站向消费者投送与其偏好相关的产品或服务信息。例如，消费者在购物网站浏览了华为手机的信息被网络广告平台所收集，当该消费者浏览新闻类网站和应用程序时，网络广告平台向其投送关于华为手机的相关产品信息。网络服务商收集模式是指网络服务商（如长城宽带等）对用户的互联网浏览行为的收集，并将信息数据传输给网络广告运营商以便其对消费者信息数据分析和使用，进而识别向哪些消费者投送哪些产品和服务信息。

（一）信息收集对消费者心理抗拒和规避的影响：以心理所有权为中介变量

消费者信息数据主要包括其网络浏览记录、购买记录和账号信息等。鉴于信息数据都是由消费者所生成，消费者对其信息数据具有心理所有权。Pierce等（2004）将心理所有权（Psychological Ownership）定义为"人们将物质或非物质的目标物视为'自我'的一部分的心理状态"，即个体对目标物的拥有感。刘建新和范秀成（2018）的研究认为，心理所有权即"消费者与目标物的心理联结状态，占有感是其核心"。个体消费者信息数据由消费者在日常的网络浏览和购物中生成，故消费者对个人信息数据有着较高的心理所有权，这也意味着其对个人信息数据有着较高的占有感知。依据占有心理学，消费者对信息数据的心理所有权使得消费者将个人信息数据视为自我的一部分。首先，当网络定向广告运营商对个体消费者信息进行收集时，侵犯了消费者对信息数据的心理所有权。这也就意味着网络定向广告对消费者信息数据的收集行为，减少了消费者对其个人信息数据的占有感。其次，当消费者对个人信息数据的占有感受到威胁和限制时，消费者会对网络定向广告运营商的信息收集行为产生反抗的心理和规避行为。同时依据 Furby（1978）的阐述，心理所有权会激发消费者对个人信息数据的责任感。当消费者感知其对个人信息数据的心理所有权被侵犯时，占有情感会促使消费者去维护和保障个人信息数据安全。最后，依据心理所有权理论，消费者对网络个人信息数据所具有的心理所有权，消费者将网络个人信息数据视为自我延伸或自我概念的表达。在此情况之下，网络广告运营商对消费者网络个人信息数据的收集，会使消费者缺乏对隐私数据的控制感，产生信息安全受到威胁的感知。综上所述，网络定向广告运营商的信息收集行会侵犯消费者心理所有权，进而触发消费者的心理抗拒和规避行为。

（二）信息收集对消费者心理抗拒和规避的影响：以风险感知为中介变量

网络广告运营商对消费者个人信息数据的收集，也使消费者面临着数据泄露、滥用等隐患。对于个人信息数据安全的担忧会触发消费者风险感知。消费者风险感知是消费者对产品或服务购买过程中不确定性及可能后果严重性的主观判断及预期。这意味着，风险感知是消费者的主观判断，通常与客观的消费风险有着一定的偏差。基于社会交换理论，Dinev 和 Hart（2005）指出，消费者对个人数据的提供意愿取决于风险与价值两个因素。消费者对广告运营商收集、分析和使用其个人信息数据的风险感知主要来源于以下四个方面：一是消费者不能有效控制网络定向广告运营商对其行为数据的收集行为；二是不能有效控制何种类型的行为数据可以被网络定向广告运营商所收集；三是不能有效控制其个人行为数据的使用范围；四是不能有效控制其个人行为数据的泄露（朱松林，2013）。

首先，在对消费者个人信息数据的收集阶段，网络定向广告运营商可能不仅收集消费者统计特征等低敏感度信息数据，还会收集消费者地理位置等高敏感度信息数据。此时，消费者可能会认为其面临个人信息数据被过度收集甚至非法收集的风险。当消费者感知到其个人信息数据具有被过度收集或非法收集的风险时，消费者会对广告运营商的收集行为采取反抗或规避行为。例如，消费者会采用提供虚假个人统计信息，删除或禁止访问个人网络等措施，来反抗和规避网络广告运营商对个人信息数据的收集。消费者风险感知将促使消费者做出减少不确定性的行为（例如，删除浏览记录、禁止访问通讯录等），就可能对网络定向广告产生负面的行为意愿，其中，直接后果则是减少对网络定向广告的点击意愿。在这种情况下，网络定向广告系统所采用的信息数据并不具有真实性和完整性，必将导致个性化推荐的服务质量下降。例如，向消费者推荐与其人口统计特征不匹配的产品，向消费者推荐不符合其偏好的产品。此时，消费者进一步对网络定向广告持有负面态度甚至进行负面口碑传播。

其次，网络定向广告运营商对消费者个人信息数据的存储也造成消费者对个人信息泄露的风险感知。消费者个人信息泄露主要有两种途径：一是数据保护制度和技术的不完善，导致内部员工对消费者个人信息数据的批量泄露；二是其他组织（如黑客）对网络定向广告运营商数据库的恶意攻击，导致消费者个人信息数据的泄露。由于消费者对个人信息数据泄露的风险感知，使消费者对广告运营商的信息数据收集行为有着抗拒意识和规避行为。

最后，对于网络定向广告运营商而言，消费者个人信息数据具有二次开发的利用价值。这就意味着，当消费者的个人信息数据被收集和存储之后，消费者不能控制信息数据被何人如何使用以及使用的目的是什么等一系列问题。缺乏对个人信息数据的控制权，会导致消费者的信息数据风险感知。赵太阳（2018）将控制感定义为"个体对自己能够控制外界事物和环境的认知和感受"。对于个人信息数据控制感的缺失，会使消费者做出补偿性行为。依据Kay 等（2010）的研究，消费者在对其信息数据具有较低控制感时，为了缓解结果的不可预期性所产生的焦虑，消费者会采取措施重构对个人信息数据的控制感。此时，如果消费者具备阻止网络定向广告运营商收集其信息数据的知识时，会做出阻止其个人信息数据被收集的规避行为；如果消费者不具备该知识和技能，则会对信息收集行为产生心理抗拒。

综上所述，网络定向广告运营商对个体消费者信息数据收集行为是使消费者产生心理抗拒和广告回避行为的影响因素。同时，网络定向广告运营商对个体消费者信息数据的收集行为通过两条不同的路径对消费者心理抗拒和回避行为产生影响。具体来看，广告运营商的信息收集行为侵犯了消费者对信息数据的心理所有权，进而触发消费者对网络定向广告的心理抗拒和回避行为。同时，广告运营商对个体消费者信息数据的收集行为提升了消费者的数据风险感知，进一步触发消费者对网络定向广告的心理抗拒和回避行为。具体的信息收集行为对消费者心理抗拒和规避行为的影响机制，如图 3-1 所示。

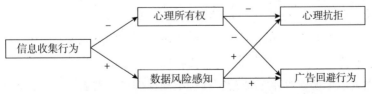

图 3-1 信息收集行为对消费者心理抗拒和规避行为的影响机制

二、网络定向广告信息过载

消费者信息过载是指消费者通过各种媒介接收过多的信息，却无法对其整合和内化为消费者决策提供支撑的产品信息和产品知识。Schick 等（1990）认为，信息过载是个体所接受到的信息超过了其处理能力，会导致抵触和厌烦的消极情绪。网络广告信息过载则是指网络广告投送的产品或服务信息超过了消费者对信息的处理能力，是消费者主观感知到的一种心理状态（陈涛，2018）。网络广告数量多、展现形式繁杂、广告内容无关、频繁展现等现象都会触发消费者搜索障碍，使消费者不能很快地发现其真正需要的产品信息，从而导致消费者的网络广告信息过载感知。消费者的网络定向广告信息过载感知会进一步引起消费者恼怒感，进而导致心理抗拒和回避行为（陈白素和曹雪静，2013）。与传统网络广告不同，网络定向广告是以个体消费者的信息数据为依据来预测个体消费者偏好，进而向消费者推送与预测偏好相关的产品或服务信息。虽然网络定向广告内容与消费者需求有较好的相关性，但消费者仍对网络定向广告有着信息过载感知。网络定向广告多是以消费者产品浏览等数据为依据，来预测消费者的产品偏好。消费者的网络定向广告信息过载感知主要取决于预期偏好与消费者所处决策阶段的不匹配。

网络定向广告对消费者偏好的预测与消费者决策阶段的不匹配可能会触发消费者信息过载感知，进而对网络定向广告产生负面的心理抗拒和规避行为。处于不同决策阶段的消费者对于产品属性的关注点不同。当消费者处于问题识别和信息搜索阶段时，消费者更加关注产品的重要属性，更注重对产品或服务的横向比较（例如，对于不同品牌的同类产品比较）；当消费者处于产品选择阶段时，消费者更加关注产品的次要属性，更注重对产品或服务的纵向比较（例如，不同商家对同一产品或服务价格的比较）。高华超和董伊人（2010）在消费者目标的研究中指出，在信息收集阶段，消费者有两种目标导向，即产品浏览导向和产品购买导向。以浏览为导向的消费者主要是收集和浏览相关产品信息，识别产品相关属性，并未有购买意愿和行为的发生；以购买为导向的消费者对相关产品信息的浏览是为了比较相关产品属性的优劣，进一步做出产品选择决策。依据解释水平理论，具有不同目标的消费者所关注的产品属性也不相同。也就是说，当消费者以产品浏览为信息收集导向时，消费者更加关注产品的重要属性；而当消费者以产品购买为信息收集导向时，消费者更加关注产品的次要属性（高华超和董伊人，2010）。

网络定向广告是依据个体消费者信息数据，对消费者偏好进行预测，并依据预期偏好向消费者推送产品或服务信息。Bleier 和 Eisenbeiss（2015）依据网络定向广告个性化类别的不同，将网络定向广告内容分为个性化深度和个性化广度两个维度。其中，广告内容个性化深度是指网络定向广告内容与消费者偏好、产品需求的相关程度；广告内容个性化广度是指网络定向广告内容对消费者偏好及产品需求的覆盖程度。虽然网络定向广告内容与消费者偏好具有相关性，但网络定向广告运营商不能对消费者所处决策阶段进行预测，从而导致网络定向广告内容深广度与消费者决策阶段的不匹配。网络定向广告内容深广度与消费者决策阶段的不匹配使消费者有着广告内容无用感知，阻碍消费者对其所关注产品属性的信息获取，进一步导致消费者心理抗拒和规避行为。具体来看，当消费者处于问题识别和信息搜寻阶段，消费者的信息关注点在于对不同企业产品的比较。如果网络定向广告内容侧重于个性化深度（广度），为消费者提供同一产品的不同属性（不同产品的同一属性），此时，消费者会产生广告内容与信息需求不匹配感知，造成消费者的信息处理冲突，分散消费者注意力，甚至造成消费决策的中断，使消费者具有较强的目标障碍感知，进而触发消费者的心理抗拒和规避行为（Mariko，2006；Cheung，2010）。

三、网络定向广告信息窄化

信息窄化（Information Narrowing）是由美国学者 Sunstein（2002）在《网络共和国》中所提出，是指"网络让人们更容易获得喜欢的信息，而拒绝接收不喜欢的信息，使人们的信息来源和信息内容过于聚焦于某一方面"。个性化营销技术则是典型的信息窄化技术，个性化营销技术的发展，使网络广告运营商可以为消费者推送其喜好的产品或服务，使消费者获取的产品信息过于窄化。当消费者长期处于信息窄化的产品或服务信息情景下，会减少消费者对其他产品或服务的关注，失去了解其他产品或服务的机会和能力（杜鹃和游静，2019）。网络定向广告运营商持续将个性化信息推送给消费者，会造成"信息茧房"的负面效应，也就是通过个性化营销技术的筛选。信息窄化可以使消费者获得与其喜好相匹配的产品或服务信息，但是过于信息窄化会造成重复的产品或服务信息的推送，使网络定向广告具有较高的信息同质性，这意味着消费者接收到重复的产品信息。当消费者过多地暴露于产品信息之中，会使消费者产生消费决策被干扰或控制的认知，进一步会产生抵触情绪，最终导致消费者对网络定向广告的抗拒和规避行为。

同时在网购情景中，消费者风险感知对购买决策、广告浏览频率和实践等消费者行为有着显著的负向影响（Sandra 等，2006）。在网络定向广告情景中，风险感知将促使消费者减少不确定性行为，这可能对网络定向广告产生负面的行为意愿，例如，消费者会认为，网络定向广告限制了其广告信息的获取范围（康瑾和郭倩倩，2015）。这也直接降低了消费者对网络定向广告的点击意愿。

四、网络定向广告内容与情景不一致

网络定向广告内容的生产是由消费者在某一情景的偶然信息搜索行为所触发。由于网络定向广告在推荐产品信息时，并未考虑消费者所处的时间、地点等情况，会导致消费者对于产品信息的目标障碍感知和情景敏感性感知，进而导致消费对网络定向广告的抗拒和规避行为。

由于网络定向广告的产品信息推荐是以消费者的浏览记录等数据所生成，因此导致产品信息的推送具有一定的滞后性。这也就导致网络定向广告内容是消费者已购买的产品信息，使网络定向广告产品信息与消费者现有需求不一致。从网络定向广告的推荐内容上来看，消费者对于某些产品的偏好具有隐私性。当网络运营商获取并使用这些产品偏好信息后，再向消费者展示具有隐私性的产品时，消费者将会迅速关闭网络定向广告，以防个人隐私的泄露。例如，消费者使用互联网浏览器账号在家中搜索了较为隐私的产品，当消费者在办公室等公共场所使用相同的账号浏览网页时，网络定向广告会继续将具有个人隐私的产品信息推送给该消费者，造成了消费者的情景敏感性，进而不愿再接受相关网络定向广告，产生规避网络定向广告行为。

五、消费者对网络定向广告的先前经验和社会评价

在网络定向广告的发展前期，由于网络定向广告运营商缺乏自我约束和行业规范，造成了消费者的负面体验和认知。网络定向广告持续且过量地向消费

者推送产品信息，使消费者对网络定向广告具有了一定的应对经验，进一步导致消费者对网络定向广告的负面刻板印象。具体来说，消费者会由于某一次的网络定向广告所带来的负面体验进而产生网络定向广告具有阻碍其有用产品信息获取，干扰其做出消费决策的总体性认知。同时由于受社会负面评价等因素影响，该认知会不断地被强化，最终形成了对网络定向广告的负面刻板印象。

负面刻板印象会导致消费者对网络定向广告进行标签化处理，较少对网络定向广告内容进行再审视。这意味着，当网络定向广告呈现给具有负面体验的消费者时，消费者会凭借以往的先前经验和社会评价，对网络定向广告形成负面刻板印象，进而做出网络定向广告规避行为。

第四章 网络定向广告信息推荐质量内涵、维度划分及量表开发研究

在数据挖掘和分析技术日益成熟的当下，如何使广告商、企业及消费者之间形成一个长期稳定，互利互惠的信息交换关系成为在线广告发展的关键。网络定向广告是以获取消费者信息数据作为起始，通过对信息数据的分析和使用，将与消费者需求相匹配的广告信息传递给消费者，形成信息的闭环传递。为此，网络定向广告的信息推荐服务质量概念的提出，将更有利于剖析消费者对网络定向广告的响应机理。在相关文献梳理分析的基础之上，本书发现，在网络定向广告特征对消费者行为及心理影响的研究领域中，缺乏关于网络定向广告的信息推荐服务的整体性研究，大部分研究停留在网络定向广告的单一维度特征（如个性化程度、展现形式等）对消费者的点击意愿的影响，尚未系统地探析网络定向广告信息推荐质量内涵及其结构维度的影响机理。针对上述问题，本章对网络定向广告信息推荐质量的内涵、维度和测量进行探析，以期对网络定向广告信息推荐质量进行全面、系统性的研究。具体来看，本章主要包括以下三个部分：一是通过文献梳理和总结，完成对网络定向广告信息推荐质量内涵的剖析；二是采用扎根理论的质性研究方法，对网络定向广告信息推荐质量结构维度进行探索性分析；三是采用定量研究方法，结合网络定向广告信息推荐质量结构维度的分析结果，对网络定向广告信息推荐质量进行测量及量表开发。

第一节　网络定向广告信息推荐质量的内涵解析

通过文献梳理可知，网络定向广告是运用大数据技术收集并分析源于个体层次消费者的多元化网络行为及信息数据，并以此来预测消费者产品需求和偏好，进而通过传统互联网及移动互联网向个体层次的消费者推送与其偏好、需求相匹配的产品信息。以往学者将研究重点放在如何从技术层面提高广告的推荐精准度及网络定向广告的产品推荐个性化对消费者响应的影响。随着大数据技术和移动互联网技术的快速发展，学者已做到能够根据消费者的网络浏览行为、网购记录，乃至消费者所处的位置、时间点和网络情景等来预测消费者的需求和偏好，来提高个性化推荐水平（网络定向广告内容与消费者需求的匹配度）。但是，学者注意到伴随着个性化推荐水平的提升，消费者响应并未显著提升（Bleier 和 Eisenbeiss，2015）。这意味着，业界和学界只从技术层面进行创新研究，忽略了消费者对网络定向广告的信息服务质量的整体性评价。立足于此，本节对网络定向广告信息推荐质量内涵进行理论解析，包括以下三个部分：一是网络定向广告信息推荐质量内涵解析；二是提升网络定向广告信息推荐质量的驱动力分析；三是基于定向传播的消费者对广告信息推荐质量评价分析。

一、网络定向广告信息推荐质量内涵研究

网络定向广告之所以能够做到以个体层次的消费者为传播主体，得益于其对个体层次消费者信息数据的获取、分析与使用。相较于传统网络广告，网络定向广告能够将与消费者浏览记录、人口统计特征等相匹配的广告信息传递给消费者，在很大程度上节省了广告费用，提高了广告信息与消费者的匹配度。起初由于网络定向广告内容推荐个性化，使产品信息的传播更有针对性，消费者对其广告内容有着较为积极的响应。随着网络定向广告被消费者的广泛采纳和使用，网络定向广告与展示情景的不一致性导致了负面广告态度。例如，消费者在家里使用搜索引擎搜寻过避孕用品等较为隐私的产品信息，当其在办公

室等公共场合时，网络定向广告运营商为该消费者推送了避孕用品的广告内容；又如，电商以消费者收藏在电子购物车里产品为依据，使用个性化推荐系统，在消费者已购买的情况下，向该消费者推送相似产品。此时消费者会对网络定向广告产生情感性和功能性的消极态度，进而采取网络定向广告回避行为。这就意味着，网络定向广告的个性化特征能够为消费者提供与其需求偏好相匹配的广告内容，即将合适的产品推荐给合适的人，但还未对合适的时间、合适的地点将合适的产品推荐给合适的人进行探究。这意味着，网络定向广告运营商对个性化推荐的技术实现和认知与消费者的主观评价间有着显著的差异。网络定向广告的个性化推荐并未能够满足消费者真正的精准性需求。从消费者的网络定向广告精准性感知视角来解析，能够在一定程度上解释为何即使广告内容与消费者需求相匹配也不能够带来消费者的积极响应。

由于能够在恰当的时间将最合适的内容推荐给最合适的人，网络定向广告能够满足消费者的信息收集需求，降低信息搜寻成本，满足消费者的功能性诉求。但是，网络定向广告对消费者信息数据的收集、分析和使用，提升了消费者的网络隐私被侵犯感知，进而使其对网络定向广告持有消极态度（Baek 和 Morimoto，2012）。这意味着，尽管网络定向广告能够保障消费者信息数据安全，消费者对网络定向广告的信息服务的风险感知也能够显著降低消费者的价值期望。从消费者的心理安全感知视角解析，能够在一定程度上提升消费者对网络定向广告的积极响应。

通过以上分析可知，具有高信息推荐服务质量的网络定向广告应具备以下两大核心特征：一是提升广告信息与消费者偏好的匹配度；二是提升消费者的信息数据安全感知，降低隐私风险感知。具体如图 4-1 所示。横轴是消费者所感知到的网络定向广告所推荐内容与消费者需求的匹配度；纵轴是指消费者的心理安全感知。根据内容—偏好匹配度感知（以下简称匹配度感知）和心理安全感知的高低不同，可以分为以下四类：低匹配度感知—低信息数据安全感知、低匹配度感知—高信息数据安全感知、高匹配度感知—低信息数据安全感知、高匹配度感知—高信息数据安全感知。

第一，低匹配度感知—低心理安全感知的网络定向广告会造成受众不明确、广告成本高和点击率低的缺陷，同时消费者具有较高的隐私风险被侵犯感知。此时，网络定向广告具有极低的信息推荐质量，其典型代表是传统网络定向广告。

第二，高匹配度感知—低信息数据安全感知的网络定向广告能够在一定程度上满足消费者对产品信息广度和深度需求，但同时也提升消费者的隐私风险感知，会造成消费者的负面广告态度和广告回避行为。此时，网络定向广告具有较低的信息推荐质量，其典型代表是只关注个性化水平的网络定向广告。

第三，低匹配度感知—高信息数据安全感知的网络定向广告，虽然能够保障消费者的信息数据安全，有效降低消费者的隐私风险感知。但是，由于对消费者信息数据的获取不足，并未能够为消费者提供与其需求相关的产品信息，不能满足消费者的信息诉求。此时，网络定向广告具有较低的信息推荐质量，其典型代表是传统网络广告。

第四，高匹配度感知—高信息数据安全感知的网络定向广告不仅能够提供与消费者需求高度匹配的产品信息，还能有效提升消费者信息数据安全感知，有效提升消费者的点击和采纳意愿。此时，网络定向广告具有较高的信息推荐质量，其典型代表是电子商务网站内定向广告。

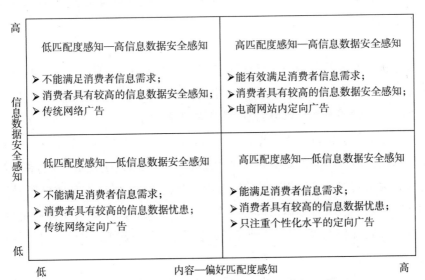

图 4-1　网络定向广告信息推荐质量的二元性分析

资料来源：笔者绘制。

综合来看，只有当网络定向广告既能够满足个体层次消费者的个性化信息需求，又能满足其信息数据安全感知时，网络定向广告才能够为消费者带来较高的信息推荐质量。有鉴于此，本书试图将消费者对网络定向广告信息诉求和安全诉求进行整合，构建网络定向广告信息推荐质量。因此，本书将网络定向广告信息推荐质量界定为消费者对所感知到的网络定向广告信息推荐服务的整体性评价。具有高信息推荐质量的网络定向广告应具有信息与消费者偏好高度匹配和保障消费者信息数据安全两个核心特征。此时，网络定向广告信息推荐质量的提高能够有效提升消费者价值感知，降低隐私风险感知，进而触发消费者信任、采纳等意愿和行为。

二、提升网络定向广告信息推荐质量的驱动力分析

对提升网络定向广告信息推荐质量的驱动力展开全面性研究是对其内外在演化规律探究的重要组成部分，有利于得出网络定向广告由个性化向高信息推荐质量转化动因，进而促进网络定向广告运营商在不断提升信息推荐质量的过程中获得营销绩效和收益。综合来看，提升网络定向广告信息推荐质量的驱动力主要包括大数据技术环境（外推力）、商业模式（内驱力）和消费者需求（引导力）。

（一）外推力：大数据技术环境

移动互联网、物联网、云计算等新兴信息技术和应用模式，使各种形式的大数据爆发式增长。大数据是由众多数据源所生成的分布式数据集（冯芷艳等，2013）。大数据使企业能够及时洞察消费者需求动态，带来前所未有的营销机遇。企业能够借助于大数据技术，整合消费者各种行为信息数据，构建基于个体层次消费者的用户画像库，进而将该用户画像库用在精准营销和新媒体营销顾客关系构建之中（Ghose，2012）。同时，大数据具有多源性特征。多源性意味着对于消费者数据的采集不再局限于传统的数据形式（如问卷调查、统计普查等），同时互联网、移动设备、物联网等也成为企业对消费者信息获取的渠道。

大数据技术能够使网络定向广告运营商在保障消费者隐私数据安全的前提下，通过传统互联网和移动互联网收集消费者在各种网络媒体和渠道（如社交媒体、在线品牌社群、社会化电商等），处于不同购买阶段的行为数据（如购买前的产品信息搜寻、购买后的品牌互动、购买后的口碑传播行为和社会互

动）。同时，大数据技术也能够使网络定向广告运营商通过物联网、移动设备、智能终端设备等来收集消费者购买行为发生时的各种情景信息数据（包括用户情景信息、使用设备情景信息和空间情景信息等）。这就意味着，大数据技术使网络定向广告运营商对消费者多元信息数据的获取、使用和分析得以从技术层面实现，进而用于广告内容和精准传播渠道的构建之上。

（二）内驱力：商业模式

网络广告正经历着由大众传播向定向传播商业模式的转变。传统网络广告的大众传播商业模式，具有广告内容关联度低、广告形式不恰当、受众不明确、营销成本高、广告点击率低和消费者广告回避等缺点。对传统网络广告商业模式的转变迫在眉睫，同时伴随大数据技术和计算机技术的快速发展，具有全新商业模式的网络定向广告应运而生。网络定向广告的商业模式是：通过广告平台（自建或租借），广告主找到与其产品最佳匹配的特定情景下特定需求的用户（Brod，2008）。此时，网络定向广告的个性化水平已不能更好地实现广告主的利益需求，因为个性化既意味着产品内容与消费者偏好匹配，又显示出对消费者个人信息数据的收集、分析和使用。基于消费者属性和消费行为的预测，通过对消费者信息数据的分析来实现个性化推荐；同时，也应采取消费者隐私数据安全保障措施。此时，广告主的利益才能得以实现，网络定向广告商业模式才能得以良性循环发展。

（三）引导力：消费者需求

以消费者需求为核心的诉求是网络定向广告的出发点和落脚点。在当前消费信息来源多元化的时代，消费者的需求具有个性化、差异化、动态化和品质化，尤其是随着移动互联网和智能终端设备的兴起，消费者需求也展现出前所未有的隐私敏感性和情景敏感性。这意味着，消费者不仅有信息相关性需求，还具有个人数据安全性需求。消费者需求特征的转变促使整合营销向具有个人隐私数据安全保障的精准营销转型，这也引导着网络定向广告变革的方向。

第一，只为消费者提供个性化广告内容的服务方式已无法满足消费者的产品信息需求。例如，电商所使用的个性化推荐系统具有推荐滞后性。消费者在产品信息搜寻阶段查看了相关产品，但是在消费者已经购买后，仍向其推荐该产品，此时，消费者会产生消极的服务评价和产品态度。这就意味着，消费者需求不仅与其人口统计特征、偏好、喜好等有关，而且还依赖于时间、地理位置、资源禀赋等情景特征，后者有时是决定消费者购买行为的关键因素。因此，网络定向广告需要满足消费者的产品信息精准性诉求。

第二，消费者对产品信息的获取渠道越来越多样性，消费者所掌握的产品知识也越来越多，消费者对产品信息的广度和深度的需求也越发强烈。网络定向广告所展示的广告内容是否能真正满足消费者的利益诉求和情感诉求，也成为精准传播的动因。只有具有个性化和有效性的网络定向广告内容，才能满足消费者的产品诉求。

第三，相比于国外消费者，国内消费者的隐私保护意识较为薄弱。但随着社会和经济的发展，国内消费者也越来越注重个人隐私数据的保护。尤其是在互联网情境下，消费者的隐私数据敏感性尤为凸显。以往的网络定向广告以推荐内容个性化作为核心诉求，忽略了消费者的隐私数据安全性诉求。因此，网络定向广告运营商应提升信息推荐质量以保障消费者信息数据的安全。

综上分析可知，网络定向广告精准传播特征的驱动力包括技术环境、商业模式和消费者需求。其中，技术环境是外推力，商业模式是内驱力，消费者需求是引导力。同时，技术环境、商业模式和消费者需求相互交织与促进，共同驱动着网络定向广告向精准传播的形式转变。具体的网络定向广告精准传播特征驱动力模型，如图4-2所示。

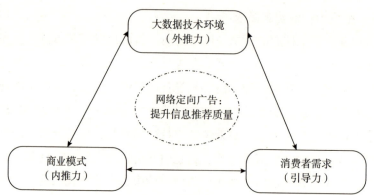

图4-2 网络定向广告信息推荐质量提升驱动力模型

资料来源：笔者绘制。

三、基于定向传播的消费者对广告信息推荐质量评价分析

为了对网络定向广告信息推荐质量做出更好地诠释，首先，本节对网络定向传播运行机制进行分析；其次，基于此分析消费者对网络定向广告信息推荐质量评价。

第一，网络定向广告的定向传播运行机制的主体思想是网络定向广告运营商使用大数据技术收集消费者信息数据（包括消费者属性数据、消费者行为数据等），通过数据分析技术来进行消费者偏好预测，最终做出向消费者推荐与其偏好相匹配的产品或服务信息。在网络定向广告的精准传播运行机制中，消费者作为数据信息源处于核心位置，同时数据的最终处理和使用也作用于消费者。因此，网络定向广告的精准传播是以消费者为核心要素和数据信息起点，以数据信息为运行的基本保障，通过数据识别、数据获取、数据使用和数据应用四个阶段，最终以网络定向广告内容的形式直接或间接反馈给消费者，从而形成精准传播运行系统。具体如图4-3所示。

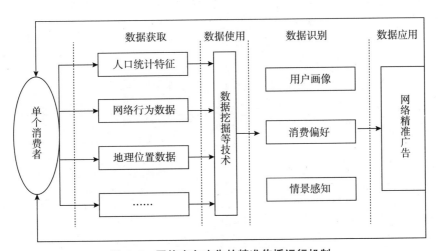

图4-3　网络定向广告的精准传播运行机制

资料来源：笔者绘制。

具体来看，在网络定向广告精准传播运行系统中，消费者既是信息数据的来源者，又是信息数据的使用者。首先，消费者信息数据为网络定向广告精准

传播机制提供了原动力。其次，经过网络定向广告运营商获取、使用和分析后的信息最终又被消费者所接受。这意味着，消费者及其信息数据在网络定向广告的精准传播运行机制中发挥重要作用，信息数据经过获取、使用和分析最终直接或间接以网络定向广告的形式投放给消费者。

第二，当网络定向广告运营商将广告内容传递给消费者后，消费者会根据自身需求及期望，对网络定向广告信息推荐质量做出综合性的评价，进而触发其后续一系列态度和行为。具体路径如图4-4所示。具体分析如下：首先，消费者依据自身需求及期望，对网络定向广告的内容——偏好匹配度和心理安全感知做出评价，进而形成综合的信息推荐质量评价。信息推荐质量评价将影响消费者体验，较高的信息推荐质量评价能够提升消费者体验。其次，消费者体验通过消费者的体验量化进一步影响满意度，良好的信息体验会进一步提升消费者满意度。再次，消费者满意将会通过价值感知来触发消费者的点击和采纳意愿。最后，当消费者形成持续使用行为后，消费者的新需求将进一步提升其期望，形成一个较为完整的闭环体系。

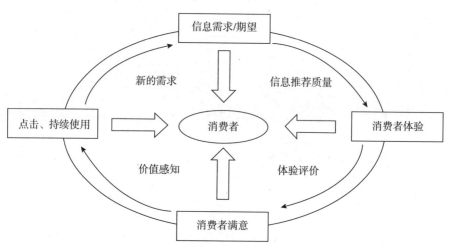

图4-4 消费者视角的网络定向广告信息推荐质量评价机制

资料来源：笔者绘制。

第二节　基于扎根理论的网络定向广告信息推荐质量的维度提炼研究

为对网络定向广告信息推荐质量有进一步的了解，基于对其内涵的解析，本节将采用质性研究方法，厘清网络定向广告信息推荐质量的维度，以填补网络定向广告信息精准推荐研究中的空白，丰富网络定向广告传播的相关理论。

一、扎根理论研究方法及其研究流程

本书将采用扎根理论的质性研究方法，通过对访谈资料进行三级编码提炼出网络定向广告信息推荐质量的维度。

（一）扎根理论研究方法

扎根理论最早是由美国社会科学家 Glaser 和 Anselm（1967）在其著作《扎根理论的发现》中所提出，是公认的具有科学性的质性研究方法。贾哲敏（2015）指出，扎根理论在社会科学主要采用量化研究，忽视和轻视质性研究的学科背景下建立和发展起来的。扎根理论强调通过对访谈资料、二手数据和案例分析等资料进行阅读和分析，进而构建和创新理论。通常而言，研究者起始阶段并未有相关理论假设，直接通过对访谈资料的整理，从中抽取范畴化概念，再经归纳和聚类分析，最后来构建理论。所以，扎根理论也成为理论构建和实证研究之间的连通桥梁。扎根理论方法的发展和应用使质性研究从描述现象和探究个例走向了理论构建和创新，具有里程碑式的突破。扎根理论既注重使用实证研究范式，又重视质性研究方法。具体来看，扎根理论借鉴实证研究方法对数据收集和整理，并通过质性研究方法对数据资料进行分析和提炼，进而构建能够解释现象和解决研究问题的理论。扎根理论的原理就是通过对大量而翔实的资料进行分析、提炼，以自下而上的形式建立实质理论。因此，扎根理论能够有效且系统化地对资料进行收集和分析，进而识别、扩充和验证理论。

贾哲敏（2015）认为，扎根理论具有以下优点：重视收集数据、重视整理和分析数据、融合多种质性研究方法和操作规范。首先，相比于以往的质性研究方法，扎根理论注重采用多元数据收集方法（如深度访谈、结构化访谈、观察法、二手数据法）以便获得大量而翔实的数据。其次，在数据整理和分析环节对数据进行三层次的编码，强调所提取概念间的比较与联系；同时，扎根理论有机地整合不同的质性研究方法和思路，以期所得理论模型更具适用性。最后，扎根理论已形成完整、规范的操作流程，使其具有可操作性和适用性。

在研究中对于扎根理论方法的应用不能简单地套用操作流程，还需要遵守一定的研究原则。具体来看，扎根理论方法的使用主要有以下四种原则：持续比较、理论抽样、理论敏感和理论—资料匹配性（刘建花，2014）。其中，持续比较是指所构建理论模型与数据资料间的持续性比较过程，目的是不断完善理论模型，进而构建出具有高饱和度的理论模型；理论抽样是在扎根理论方法的使用过程中，应根据所形成的概念、范畴及理论来决定接下来所需资料的内容和收集方式；理论敏感性是指研究人员对理论识别、扩充和发展应保持较高的洞察性和敏感性；理论—资料匹配性是指所构建理论模型虽是从数据资料中所获取，但仍需要注重与已有文献中的理论的互动与匹配。

王璐和高鹏（2015）探析了扎根理论在管理学研究中的应用，认为该研究方法适用于以下两种理论构建情景：纵向理论构建和横向理论构建。其中，纵向理论构建是对概念、范畴等之间因果关系的识别、扩充和构建。纵向理论构建是以事件发生时间为排序标准，厘清事件之间的逻辑关系，以便构建系统性的具有因果关系的理论模型。横向理论构建则是对管理学研究领域内不明确或未得到广泛认可的构念内涵与外延的理论构建。例如，学者采用扎根理论对某一构建的维度提炼等都属于横向理论构建。学者通常通过横向理论构建对构念进行内涵解析和维度划分，进而开发构念量表，以验证所构建理论和应用理论。

鉴于本章是对网络定向广告信息推荐质量维度提炼的研究，属于横向理论构建，同时，以往学者较少关注网络定向广告信息推荐质量，并未对其有达成一致的内涵和维度划分，因此，本书采用扎根理论方法，以提炼出与数据资料、相关文献等相匹配的网络定向广告信息推荐质量的维度。

(二) 扎根理论的研究流程

扎根理论的研究流程主要包括研究问题界定、资料收集与整理、资料分析、理论框架构成和撰写研究报告五个关键步骤 (Pandit, 1996; 刘家国等, 2015)。具体操作流程如图4-5所示。

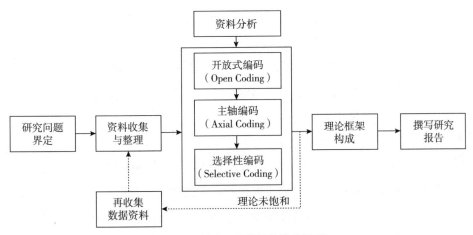

图4-5　扎根理论的具体操作流程

资料来源: 笔者绘制。

第一步是研究问题界定。对于研究问题界定可以采取对文献回顾的方式, 整理和总结相关研究领域的文献, 清晰且明确地界定研究问题。

第二步是资料收集与整理。采用多元的资料收集方式, 包括深度访谈、观察法和二手数据法等, 选定样本并广泛收集资料。资料收集包括初始抽样和理论抽样两个资料收集阶段。

第三步是资料分析。对所收集和整理的资料进行不同层次的编码, 即开放式编码、主轴编码和选择性编码, 以提炼概念、聚类概念和联结概念, 进而得到初步理论。

第四步是理论框架构成。在资料分析的基础上, 构建较为完善的系统理论框架。此时, 应对所构建理论的饱和度进行判断, 即判断理论抽样中的数据能够完善所构建理论。如果理论达到饱和状态, 则理论构建完成; 如果理论未达到饱和状态, 则应该继续进行数据收集和分析, 直至达到饱和状态。

第五步是撰写研究报告。通过对所构建理论模型进行讨论分析, 最后形成研究报告。

二、网络定向广告信息推荐质量的扎根研究设计

（一）研究的总体思路

依据上述扎根理论的操作流程，将对网络定向广告信息推荐质量维度进行探索性分析。本书的总体思路可以概括性地分为以下三个阶段。

1. 文献整理和初步抽样阶段

该阶段开始于 2017 年 3 月，结束于 2017 年 5 月，时间跨度三个月。通过对现有文献的梳理和综述，界定网络定向广告信息推荐质量内涵，分析其形成机制，增强对相关理论的洞察力。

2. 理论抽样和逐步聚焦阶段

该阶段开始于 2017 年 6 月，结束于 2017 年 8 月，时间跨度三个月。根据理论抽样原则，通过分析初步抽样数据所形成的概念和范畴来决定接下来所需资料类型和数据收集方式。在此过程中，不同资料的收集和分析，不断完善和比较，进而概念逐渐清晰，理论饱和度逐步增加。

3. 逐级编码和理论发展阶段

通过对一手资料数据的分析逐级进行开放式编码、主轴编码和选择性编码，保持与现有研究及网络定向广告研究之间持续的整合性互动。依据扎根理论方法的操作步骤，从被访谈者对具有精准推荐特征的网络定向广告的认知和电子商务环境的综合作用视角，提炼网络定向广告信息推荐质量的维度。

（二）研究对象

对于研究对象的选取，本书依据目的性抽样原则（Patton，1990），以能够提供最大信息量的目标群体为研究样本。因此，结合网络定向广告信息推荐质量的分析框架和维度发展的要求，选取来自济南、上海、北京、广州和河南等不同地区的 25 名具有丰富网上购物经验的消费者和 5 名计算广告从业人员作为深度访谈对象。该研究样本数量符合 Lincoln（1989）所提出的质性研究的样本数量至少为 12 名的标准。访谈者的具体人口统计特征如表 4-1 所示。

表 4-1　访谈者的人口统计特征

人口统计变量	变量分类	样本量（人）	所占百分比（%）
性别	男	17	56.7
	女	13	43.3
年龄	20~25 岁	7	23.3
	26~35 岁	10	33.3
	36~45 岁	11	36.7
	46~55 岁	2	6.7
学历	专科及以下	3	36.7
	本科	11	53.3
	研究生及以上	16	10.0
职业	在校学生	7	23.3
	教育科研人员	6	20.0
	机关事业人员	5	16.7
	企业白领及自由职业者	12	40.0

资料来源：笔者整理。

（三）采用深度访谈法的资料收集

本书采用深度访谈的质性方法对 30 名消费者和从业人员进行资料收集，进而得到扎根理论所需的一手资料。在深度访谈中，研究者以小组的形式进行访谈。访谈小组由两人组成：一名为主访者，具有较为丰富的访谈经验，负责启发、提问和控制访谈进程；另一名为助理访谈者，具有较强的观察力，负责记录被访者的话语、表情和行为等。从整体来看，资料收集包括以下三个部分。

1. 访谈提纲设计

通过梳理相关文献、与专家讨论，形成初步访谈提纲；抽取 5 名硕士研究生及 1 名博士研究生进行访谈提纲的测试，通过预访谈中他们所提建议来修改和完善访谈提纲及过程，最终形成正式访谈提纲。从整体来看，本书对网络定向广告精准传播特征的深度访谈，主要涉及的方面如表 4-2 所示。

表 4-2　深度访谈问题列表

问题编号	访谈问题
Q1	人口统计特征：年龄、学历、职业、网龄
Q2	您认为什么是网络定向广告？有哪些类型，能否举例说明
Q3	在网络定向广告的信息服务中，哪些因素是您最满意或最不满意的
Q4	在使用网络定向广告的过程中，您最关注哪些因素？为什么
Q5	您认为如何才能提升网络定向广告的信息服务质量呢
Q6	在使用网络定向广告的过程中，会对您造成哪些方面的影响？为什么

资料来源：笔者整理。

2. 访谈过程

本书所进行的深度访谈，主要是采用面对面和非面对面访谈两种形式。在面对面访谈中，提前将访谈问题以纸质或电子版的形式告知被访谈者，并约定具体访谈时间，以便于访谈者能够对问题有着较深的理解。访谈地点一般选在咖啡馆、办公室等场所。在正式访谈开始之前，调研者向被访谈者说明网络定向广告的内涵、类型等，以唤起被访者对网络定向广告的认知。同时，在访谈中，尽量采用非学术化语言进行对话，以便被访者能够正确理解问题。访谈时间控制在 30 分钟。

在非面对面访谈中，主要采用电话访谈、在线视频访谈和在线语音访谈的形式。在访谈开始前，将纸质或电子版的访谈提纲传送给被访谈者，并约定具体访谈时间。访谈采用电话、视频等形式，首先，调研者向被访谈者解释何谓网络定向广告及其类型等；其次，采用非学术语言对其进行提纲中问题的访谈。访谈时间控制在 30 分钟。

3. 访谈数据收集

在访谈过程中，应 7 名被访者要求，对他们采用焦点小组的形式进行面对面访谈。因此，本书在访谈过程中得到 24 名访谈录音或笔录。对于访谈录音资料，本书采用转化软件将录音资料转为文本资料。同时，再进行人工校正，以保证正确率，最终得到 24 份文本资料。同时，随机选取 20 份文本资料用于编码分析，其余 4 份文本资料用于饱和度检验。

首先，对文本资料进行初步整理。一是删除与研究主题不相关内容，如受访者对网络定向广告之外因素的观点和想法；二是删除访谈中的冗余信息，如"嗯、对"等附和性回答；三是删除由于受访者认知偏差而做出的错误回答。其次，对访谈者进行编号（编号为 1~30），并且也是对访谈形式进行编号，个人访谈和焦点小组访谈编号分别为 P 和 T。再次，对文本资料的段落进行编号，从 1 开始标号。最后，对段落的采用 P/T-X-X 形式的编号。例如，P-2-2 是指对第二个访谈对象，采用个人访谈的形式所得到的第二段落的文本资料。

三、基于扎根理论的访谈资料编码分析

依据 Strauss 和 Corbin（1986）所提出的扎根理论应用指导程序，本书将对收集到的文本资料进行逐级编码，以提炼概念和范畴。编码过程包括开放式编码、主轴编码和选择性编码。首先，对数据加以分解；其次，分析和概念化；最后，进行范畴化分析（李志刚，2006）。

（一）开放式编码

开放式编码要求研究者将数据资料进行分解，对资料进行初步的概念化和范畴化。以一种开放包容的心态，对原始资料进行逐词逐段地阅读。保留文本资料中的有用信息并进行编码，反复比较和探讨。全面发掘资料所包含的初始概念，确定概念的命名、属性和维度等。同时，当一些初始概念具有相似特征或属性时，需对其进行提炼整合，进而得到更高阶的范畴。在概念范畴化过程中，需要对范畴的性质及维度进行判断，以保证范畴提炼的合理性。最终在原始资料里面抽取出 26 个初始概念，保留出现频率 3 次以上的初始概念，最终得到 19 个概念。同时，提炼 9 个范畴，分别为内容需求匹配性、内容情景匹配性、内容偏好匹配性、参与推荐内容生成、展示形式、展示内容、隐私控制、安全承诺和信息数据收集公开化。不同范畴所包含的概念及其性质如表 4-3 所示。鉴于篇幅有限，每个概念列出 1 个原始语句。

（二）主轴编码

通过开放式编码得到初始概念和范畴。但是，所得出的这些初始概念和范畴都是相互独立的，没有展示它们之间的关系。此时，需要采用主轴编码的方式，对其进行聚类分析，发掘初始概念间的逻辑关联。具体做法就是根据范畴间的逻辑关系将类似的范畴聚类，归纳主范畴。在归类过程中需考虑相互关系等因素，将归类不明确的范畴归入最相似的主范畴之中。

表 4-3　开放式编码

原始资料	概念化	范畴化
P-1 网络定向广告应该是以满足现在的信息需求为核心功能，以最近的浏览记录等为线索进行相关产品的推荐	满足信息需求（a1）	内容需求匹配性（A₁）
P-12 之前有在京东购买笔记本电脑，最近总是推荐电脑包的信息，确实有些意外，不过产品信息还是挺有参考价值的	满足潜在信息需求（a2）	
P-8 例如，我一直在找吸尘器，突然推荐我一个扫地机器人，觉得不错就买了	相关产品预测（a3）	
P-12 推荐信息必须及时，这样才可以吸引我。最有效的是能够根据当前的搜索，立即做出推荐	及时性（a4）	内容情景匹配性（A₂）
P-16 我已经买过一些产品了，商家还反复地推荐给我，没有广告效果呀！我前段时间买了洗衣机，直到现在还推送洗衣机的信息。现在应该给我推送洗衣液才对	有效性（a5）	
P-9 广告推荐应该把我所处的时间、地点等信息考虑进去，不合时机的推送，会让我觉得很不合适。例如，在公共场所给我推送涉及隐私的产品	场景一致性（a6）	
T-3 推荐应该识别特殊偏好，对那些不想被外人知道的特殊喜好产品，最好不要进行推荐，不然被别人看到会很尴尬	识别特殊偏好（a7）	内容偏好匹配性（A₃）
P-23 需要识别客户的品位，价格区间。有些定向广告可能只知道需要这个产品，但不知道我的品位。例如，一种是我比较喜欢的价格在 200 元左右的法国红酒，但是一直给我推荐价格相差较大的；另一种是澳洲红酒	识别产品属性偏好（a8）	
P-8 最好让我能够控制推荐类型，能够选择产品好评率、价格区间或有无折扣等这些因素	参与推荐内容生成（a9）	参与推荐内容生成（A₄）
P-2 产品展示上要做到多样化，可以包括视频图片，只是简单的商品信息陈列，跟平常浏览没有什么差别	多样化（a10）	展示形式（A₅）
P-18 产品展示不一定要拘谨于以往，可以有些创意，例如，以视频的形式展示可以更生动，也可以用卡通人物等	创意性（a11）	
P-11 网络广告的传播可以更灵活一些，可以出现在网页中，也可以出现在手机软件中，产品展示形式多渠道化	多传播渠道（a12）	

续表

原始资料	概念化	范畴化
P-18 推送的产品应该突出与其他产品的主要区别，例如，体现产品的功能、价格等产品优势	突出产品优势（a13）	展示内容（A_6）
P-11 产品信息必须丰富多彩，这样顾客才能关注，不然不会留意这些推送信息。例如，加上别人的评论，商家信誉等	信息丰富性（a14）	
P-13 当推送的产品是之前没有找到或没有注意的产品时，我还是觉得定向广告推荐信息很有用	新颖性（a15）	
P-23 好的网络定向广告可以使我自主控制它对我数据的使用类型和范围等。让我选择涉及我个人隐私的信息能不能用	控制隐私使用（a16）	隐私控制（A_7）
P-17 高质量的广告能够让我自主清除所收集的数据	隐私数据可清除（a17）	
P-5 能够保障我数据安全的广告都会在我使用服务时，给出安全承诺，隐私使用说明，甚至做出泄露后的赔偿承诺	安全承诺（a18）	安全承诺（A_8）
P-9 给出推荐理由的一些推荐至少让我知道用我的哪些数据，我才能安心	推荐理由解释（a19）	信息数据收集公开化（A_9）
T-2 在使用我的一切信息数据之前必须说明用途、范围等，同时收集信息也不要偷偷摸摸，直接公开说哪些信息你会收集，怎么用，这样我更放心	隐私数据知晓（a20）	

资料来源：笔者整理。

本书对以上 9 个范畴及范畴间关系进行深入思考后，把内容需求匹配性、内容情景匹配性、内容偏好匹配性和参与推荐内容生成联结为主范畴精准性；将展示形式和展示内容联结为主范畴生动性；将隐私控制、安全承诺和信息数据收集公开化联结为主范畴安全性。综合来看，本书共归纳出精准性、生动性和安全性共计三个主范畴，具体的主范畴及其对应范畴和初始概念如表 4-4 所示。

表 4-4　主轴性编码

主范畴	对应范畴	对应初始概念
精准性（b₁）	内容需求匹配（A₁）； 内容情景匹配（A₂）； 内容偏好匹配（A₃）； 参与推荐内容生成（A₄）	满足信息需求（a1）；满足潜在信息需求（a2）；相关产品预测（a3）；及时性（a4）；有效性（a5）；场景一致性（a6）；识别特殊偏好（a7）；识别产品属性偏好（a8）；参与推荐内容生成（a9）
生动性（b₂）	展示形式（A₅）； 展示内容（A₆）	多样化（a10）；创意性（a11）；多传播渠道（a12）；突出产品优势（a13）；信息丰富性（a14）；新颖性（a15）
安全性（b₃）	隐私控制（A₇）； 安全承诺（A₈）； 信息数据收集公开化（A₉）	控制隐私使用（a16）；隐私数据可清除（a17）；安全承诺（a18）；推荐理由解释（a19）；隐私数据知晓（a20）

资料来源：笔者整理。

（三）选择式编码

选择式编码是对已确定的范畴进行系统合理的分析，以确定数据资料的最具代表性和整合性的核心范畴。选择式编码的目的在于，将有关概念和范畴集中于某一具体的理论范围之内，并以具有逻辑关系的故事线将不同层次的范畴进行系统性地整合。具体来看，选择式编码主要包括五个步骤（Glaser 和 Strauss，2009）：一是梳理故事线；二是对不同层次的范畴进行描述；三是提出理论假设；四是核心范畴选定；五是明确逻辑关系。

通过对原始资料的分析可以基本确立故事线，即网络定向广告的信息推荐质量外显于精准性→生动性是信息推荐质量的内在要求→安全性是信息推荐质量的内隐条件。有鉴于此，本书概括网络定向广告信息推荐质量为核心范畴，其主要范畴即是精准性、生动性和安全性。经过对概念、主范畴和核心范畴的提炼，构建网络定向广告信息推荐质量维度结构模型，如图 4-6 所示。

四、网络定向广告信息推荐质量结构维度解释

通过以上三级编码等扎根理论步骤的循环分析，首先，提炼出能够体现网络定向广告信息推荐质量的九个范畴，即内容需求匹配性、内容情景匹配性、内容偏好匹配性、参与推荐内容生成、展示形式、展示内容、隐私控制、安全

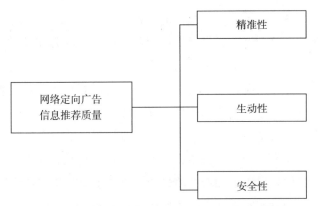

图 4-6　网络定向广告信息推荐质量结构维度模型

资料来源：笔者绘制。

承诺和信息数据收集公开化；其次，通过主轴编码对类属机型关系链接，形成精准性、生动性和安全性三个主范畴；最后，通过选择性编码探析主范畴间的关系，得到核心范畴，即"网络定向广告信息推荐质量"。最终构建网络定向广告信息推荐质量结构模型，基本完成网络定向广告信息推荐质量的维度提炼。

作为网络定向广告效果的重要保障，信息推荐质量内在影响着网络定向广告商业模式的发展趋势，外在引导着消费者对广告信息获取的心理和行为。因此，在构建网络定向广告推荐质量维度变量时应注意以下两个方面：一是以大数据技术和商业模式为出发点，以构建完整有效的网络定向广告推荐质量为宗旨来划分维度变量；二是在扎根理论应用中，以具有可操作性、可量化为原则来选取特征变量。最终本书认为，网络定向广告推荐质量包括精准性、生动性和安全性三个维度。如表 4-5 所示。

表 4-5　网络定向广告推荐质量的结构维度

研究构念	包含维度
网络定向广告信息推荐质量	精准性
	生动性
	安全性

资料来源：笔者整理。

网络定向广告信息推荐质量是指消费者对所感知到的网络定向广告信息推荐服务的整体性评价。其中，精准性是指网络定向广告信息与其需求、偏好和所处情景等的匹配程度；生动性是指网络定向广告展示形式的创意性和展示内容的相对优势程度；安全性是指网络定向广告在对消费者个人数据的收集、使用和分析过程中，对消费者信息数据的安全保障。

通过以上分析可知，具有高信息推荐质量的网络定向广告具有如下四个特征：一是内容的高度匹配，也就是说，高信息推荐质量的网络定向广告能够为消费者提供与其偏好、需求和所处情景的高度匹配；二是消费偏好可观察，从内容的高度匹配的侧面来看，广告内容就像是一面"镜子"，使自我、商家和其他消费者通过广告内容来观察到消费者的购买行为、偏好和需求等；三是创意的展示形式，也就是说，网络定向广告采用具有创意性的形式来对广告内容进行展示；四是降低隐私忧患，高信息推荐质量的网络定向广告不仅能够保障消费者隐私数据的安全，还能使消费者具有较高的安全保障感知。此时，网络定向广告的信息推荐质量的提高不仅能显著提升消费者价值感知，还能有效降低消费者风险感知；最终触发消费者信任、采纳等意愿和行为。

第三节 网络定向广告信息推荐质量的量表开发

一、初始量表的编制

（一）测量题项来源

依据 Churchill（1979）和陈晓萍等（2012）的量表开发步骤，借鉴 Brakus 等（2009）的量表开发方法，结合上文所收集的访谈资料，本书初始量表的形成主要通过以下三个途径：一是文献检索。借鉴 Wu 等（2005）、杨一翁等（2016）、Summers 等（2016）和 Choi 等（2008）等学者的研究中所使用的成熟量表。二是对访谈资料的再利用，对上文中提取初始概念的访谈资料进行深入研究和思考。三是自行编制。为了获取更多题项，与营销专家和学者共同商议，对题项进行了反复讨论和修改，形成初始量表，共包含 16 个题项。

具体初始量表如表 4-6 所示。

表 4-6　网络定向广告信息推荐质量的初始量表

维度	题项	题项内容
精准性	JZX1	此平台的网络定向广告所推荐的产品信息符合我的喜好
	JZX2	此平台的网络定向广告所推荐的产品是我最近关注的产品
	JZX3	某时某地，此平台的网络定向能够帮助我更快地获取附近的产品或服务信息
	JZX4	此平台的网络定向广告所推荐的产品信息与我的历史浏览记录相关
	JZX5	此平台的网络定向广告所推荐的产品符合我的个人偏好
	JZX6	此平台的网络定向广告能够让我自主优化所推荐产品类型
生动性	SDX1	此平台的网络定向广告以精美的图片展示了所推荐的产品
	SDX2	此平台的网络定向广告展示产品的方式会吸引我的注意力
	SDX3	此平台的网络定向广告推荐的产品类型很丰富
	SDX4	浏览此平台的网络定向广告会让我发现意料之外的产品
	SDX5	浏览此平台的网络定向广告会让我有一种耳目一新的感觉
安全性	AQX1	此平台的网络定向广告会让我知晓对我个人信息收集的内容和用途
	AQX2	此平台的网络定向广告会让我知晓，其对我隐私数据采取的安全保障措施
	AQX3	此平台的网络定向广告不会使我的手机（电脑）中毒
	AQX4	此平台的网络定向广告不会滥用和传播我的个人信息数据
	AQX5	此平台的网络定向广告能够保障我的信息数据的安全

（二）题项清晰度检验

对于题项的测量，本书采用 Likert 7 点尺度量表来对题项清晰度进行检验。具体来看，1 分代表该题项非常不清晰，7 分代表该题项非常清晰。邀请 18 名硕士生和博士生对所有题项进行清晰度打分。最后得到 16 个题项的清晰度得分均大于 4，且方差小于 1.8。这意味着，题项的句意表达有着较高的清晰度。

二、数据收集

在问卷设计上，首先，通过情景介绍，使消费者明确网络定向广告概念界定，理解网络定向广告的运行机制，并以图片的形式向消费者展示日常生活常见、常使用的网络定向广告类型，以不同类型的网络定向广告为刺激物，以便消费者更好地理解问卷内容；其次，为问卷正文，包括以上 16 个题项和人口统计特征题项。

本书采用网上和网下调研问卷的方式来收集所需数据。其中，网上调研问卷的获取借助于"问卷星"，网下调研问卷的获取采用纸质版调研问卷。所有问卷的发放，都是通过亲朋好友互传的滚雪球方式和随机访问方式来进行。历时 40 天，前后共收集有效问卷 390 份。本书将使用前 100 份问卷进行探索性因子分析，其余问卷进行验证性因子分析和信效度检验等。

从样本人口统计特征来看，男性被调研者所占比例为 47.9%（187 人），女性被调研者所占比例为 51.8%（202 人）；20 岁及以下被调研者所占比例为 16.4%（64 人），21~30 岁的被调研者所占比例为 62.3%（243 人），30~40 岁的被调研者所占比例为 17.7%（69 人），40~50 岁的被调研者所占比例为 3.6%（14 人）；学生所占比例为 52.6%（205 人），事业单位人员所占比例 17.7%（69 人），公司职员所占比例为 18.7%（73 人），其他人员所占比例为 11.0%（43 人）；网购频率 1~3 次/月的被调研者所占比例 26.9%（105 人），4~5 次/月的被调研者所占比例 47.9%（187 人），6~10 次/月的被调研者所占比例为 18.5%（72 人），11 次/月的被调研者所占比例为 6.7%（26 人）。

三、探索性因子分析

（一）测量题项的纯化

Nunnally（1978）和 Churchill（1979）指出，测量题项纯化有以下两个标准：一是测量题项与其他变量的相关系数小于 0.4，且删除后一致性系数有所增加；二是正交后的因子载荷小于 0.4 或在两个因子上的载荷皆大于 0.4，此时该题项应予以删除。

对每个维度进行信度检验，计算其一致性系数。发现精准性、生动性和安全性的 Cronbacha's α 值分别为 0.884、0.933 和 0.893，其中，生动性中如果题项 SDX3 删除后 Cronbacha's α 值（Corrected Item-Total Correlation，CITC）将提升为 0.953。按照 Churchill（1979）的测量题项提纯方法，应将生动性中的 SDX3 题项删除。

（二）基于探索性因子分析的题项纯化

依据 Nuunally（1978）所提出的题项纯化方法，可知通过对题项进行探索性因子分析将有利于对量表得到进一步纯化。在进行探索性因子分析时，首先对样本数据进行 Bartlett 球形检验和 KMO 检验，以用来判断数据是否适合进行因子分析。检验通过标准为 Bartlerrt 球形检验通过显著性检验（p 值小于0.05），且 KMO 值大于 0.7。通过将 SPSS 软件对样本数据进行运算，得到 KMO 值为 0.840 大于 0.7，Bartlerrt 球形检验 p 值为 0.000 小于 0.05。这意味着，本书所用样本数据适合做因子分析。

本书的探索性因子分析将采用最大方差的正交旋转因子分析法，选取特征根值大于 1 的主成分作为公因子。结合 Nuunally（1978）所提出的正交后的因子载荷小于 0.5 或在两个因子上的载荷皆大于 0.4，此时该题项应予以删除的思路。使用 SPSS 分析软件，得到删除 SDX3 后的量表因子载荷值，如表 4-7所示。

表 4-7　第一次探索性因子分析的题项因子载荷系数

题项	1	2	3
JZX3	0.809	0.204	0.226
JZX1	0.806	0.144	0.312
JZX4	0.773	−0.028	0.116
JZX2	0.752	0.274	0.274
JZX5	0.698	0.488	0.137
JZX6	0.578	0.447	0.219
AQX5	0.075	0.897	0.182
AQX4	0.111	0.878	0.188
AQX3	0.121	0.846	0.256
AQX1	0.257	0.761	0.051
AQX2	0.358	0.598	0.087
SDX6	0.226	0.173	0.925
SDX2	0.266	0.147	0.908
SDX5	0.262	0.166	0.906
SDX1	0.194	0.219	0.806

由表4-7可知，精准性维度下的 JZX5 和 JZX6 在两个公因子上的因子载荷皆大于 0.4。此时，应当将 JZX5 和 JZX6 两个题项删除。在完成第一次验证性因子分析后，应再对所有剩余题项进行第二次验证性因子分析，以判断是否还有上述情况的存在。

第二次的验证性因子分析，也应先通过 Bartlett 球形检验和 KMO 检验，也使用方差最大正交旋转来进行主成分分析。借助于 SPSS 统计分析软件，得到表4-8、表4-9 和表4-10。

表 4-8　KMO 和 Bartlett 球形检验

KMO 取样足够度		0.812
Bartlett 的球形检验	近似卡方	1884.671
	df	66
	Sig.	0.000

由表4-8可知，KMO 值为 0.812 大于 0.7，Bartlett 球形检验 p 值为 0.000 小于 0.05。这意味着，本书所用样本数据适合做因子分析。通过将特征根大于 1 的公因子的提取，由表4-9可知，共提取三个公因子，且三个公因子的解释总方差为 77.315%，大于标准 50%。最终得到每个题项在不同公因子的因子载荷，如表4-10所示，可发现 13 个测量题项分别归属于三个主成分因子，且在其主因子上因子载荷大于 0.5。

表 4-9　第二次验证因子分析的因子总方差解释

成分	初始特征值			提取平方和载入			旋转平方和载入		
	合计	方差 (%)	累积 (%)	合计	方差 (%)	累积 (%)	合计	方差 (%)	累积 (%)
1	5.851	48.755	48.755	5.851	48.755	48.755	3.536	29.464	29.464
2	2.031	16.921	65.676	2.031	16.921	65.676	3.059	25.496	54.959
3	1.397	11.638	77.315	1.397	11.638	77.315	2.683	22.355	77.315

注：提取方法：主成分分析。

表 4-10　第二次探索性因子分析的题项因子载荷系数

题项	1	2	3
JZX1	0.305	0.162	0.843
JZX2	0.277	0.287	0.757
JZX3	0.217	0.216	0.849
JZX4	0.128	0.006	0.758
SDX1	0.803	0.216	0.199
SDX2	0.91	0.15	0.257
SDX4	0.911	0.169	0.243
SDX5	0.932	0.175	0.204
AQX1	0.046	0.774	0.27
AQX2	0.093	0.612	0.45
AQX3	0.263	0.851	0.097
AQX4	0.2	0.879	0.071
AQX5	0.187	0.896	0.057

四、验证性因子分析

为了进一步检验所构建量表的测量题项与因子之间的关系，使用其余 290 份样本数据进行验证性因子分析。为确保三因子模型为最优模型，首先，对比不同维度因子模型的拟合优度。对比模型包括单因子模型、二因子模型、三因子模型和四因子模型。其中，单因子模型是将精准性、生动性和安全性合并为一个因子；二因子模型是将精准性和生动性的题项合并为一个因子。温忠麟等（2004）认为，评价模型的拟合优度，应主要考虑以下评价指标：χ^2/df、RMSEA、CFI、IFI、RFI 和 GFI。其中 χ^2/df 值小于 3，RMSEA 值小于 0.08、其余拟合优度指数应大于 0.9。如表 4-11 所示，通过对不同因子模型之间的拟合指标的比较，可知三因子模型的拟合度最优，且拟合优度指标数值分别为：χ^2/df 为 2.321，RMSEA = 0.068，CFI = 0.969，IFI = 0.969，RFI = 0.934，GFI = 0.927。这意味着三因子模型的拟合优度最优，符合验证性因子分析的标准。

表 4-11　不同因子模型的拟合优度比较

模型	χ^2/df	RMSEA	CFI	IFI	RFI	GFI
三因子模型	2.321	0.068	0.969	0.969	0.934	0.927
二因子模型 1[a]	10.156	0.178	0.799	0.780	0.710	0.647
单因子模型	12.510	0.199	0.718	0.720	0.643	0.630

表 4-12 列举出了三个维度潜变量和显变量间的标准化因子载荷系数和 T 值，T 值皆远远大于 2，这意味着因子载荷系数显著。

表 4-12　标准化路径系数和 T 值

路径关系	路径系数	T 值	路径关系	路径系数	T 值
JZX1<---精准性	0.872	13.294	AQX1<---安全性	0.710	13.036
JZX2<---精准性	0.802	12.378	AQX2<---安全性	0.807	15.427
JZX3<---精准性	0.914	18.110	AQX3<---安全性	0.839	16.256
JZX4<---精准性	0.680	13.762	AQX4<---安全性	0.776	14.636
SDX1<---生动性	0.781	17.064	AQX5<---安全性	0.812	16.256
SDX2<---生动性	0.826	18.330			
SDX4<---生动性	0.902	21.397			
SDX5<---生动性	0.881	15.232			

五、最终量表的形成

（一）量表的信度和效度检验

1. 信度检验

最终量表的形成还需要进行信度和效度检验。对于信度的检验，本书采用一致性系数（Cronbacha's α 值）来进行检验。由后文表 4-14 可知，精准性、生动性和安全性的 Cronbacha's α 值分别为 0.883、0.909 和 0.891，皆大于 0.7。这表明该量表具有较高的信度。

2. 效度检验主要包括内容效度、收敛效度和判别效度

对于内容效度而言，由于本书所采用量表均借鉴国内外已发表论文，经过多次和专家商议修改，故所用量表具有良好的内容效度。Fornell 和 Larcker（1979）提出，收敛效度的检验需要三个标准：所有标准化的测量项负载值要大于 0.5 且大于显著水平（T 值要大于 2），且潜变量的平均提炼方差（AVE）要大于 0.5。由表 4-10 可知，所有测量题项的标准化因子载荷系数在 0.710~0.914，且 T 值大于 2。如表 4-13 所示，可知所有维度的 AVE 值皆大于 0.5。这意味着，量表具有较好的收敛效度。对于判别效度检验，Fornell 等（1981）认为，当变量的 AVE 值大于变量与其他变量的相关系数的平方时，量表具有良好的判别效度。如表 4-13 所示，本书各变量的 AVE 值平方根均大于变量与其他变量的相关系数。这意味着量表具有较好的判别效度。

表 4-13　量表的收敛效度和判别效度检验

变量	1	2	3
精准性			
生动性	0.522 **	0.721	
安全性	0.692 **	0.579 **	0.624
AVE 值	0.675	0.721	0.624
AVE 值平方根	0.822	0.849	0.790

注：* 表示 p < 0.05，** 表示 p < 0.01。

（二）最终量表的形成

通过初始量表的形成，采用两次探索性因子分析纯化测量题项，再使用验证性因子分析检验模型拟合优度，最后进行信度和效度检验。删除题项 JZX5、JZX6 和 SDX3，经过对测量题项重新编号，得到网络定向广告信息推荐质量的最终量表，具体如表 4-14 所示。

表4-14　网络定向广告信息推荐质量的最终量表

维度	编号	题项	Cronbacha's α 值
精准性	JZX1	此平台的网络定向广告所推荐的产品信息符合我的喜好	0.883
	JZX2	此平台的网络定向广告所推荐的产品是我最近关注的产品	
	JZX3	某时某地，此平台的网络定向能够帮助我更快地获取附近的产品或服务信息	
	JZX4	此平台的网络定向广告所推荐的产品信息与我的历史浏览记录相关	
生动性	SDX1	此平台的网络定向广告以精美的图片展示了所推荐的产品	0.909
	SDX2	此平台的网络定向广告展示产品的方式会吸引我的注意力	
	SDX3	浏览此平台的网络定向广告会让我发现意料之外的产品	
	SDX4	浏览此平台的网络定向广告会让我有耳目一新的感觉	
安全性	AQX1	此平台的网络定向广告会让我知道对我个人信息收集的内容和用途	0.891
	AQX2	此平台的网络定向广告会让我知晓，其对我隐私数据安全的保障措施	
	AQX3	此平台的网络定向广告不会使我的手机（电脑）中毒	
	AQX4	此平台的网络定向广告不会滥用和传播我的个人信息数据	
	AQX5	此平台的网络定向广告能够保障我的信息数据安全	

第四节　本章小结

首先，在对前人文献的梳理和评述之上，得出具有高信息推荐服务质量的网络定向广告应具备以下两个大核心特征：第一，提升广告信息与消费者偏好的匹配度；第二，提升消费者的心理安全感知，降低隐私风险感知。进而引申出网络定向广告信息推荐质量的概念界定，即消费者对所感知到的网络定向广告信息推荐服务的整体性评价。本章对提升网络定向广告信息推荐质量的驱动力进行了分析，认为大数据技术的快速发展是外推力，网络广告商业模式的变革是内驱力，消费者的信息和安全需求是引导力。

其次，采用扎根理论的质性研究方法，通过逐级编码得到网络定向广告信息推荐质量结构维度模型，其包括精准性、生动性和安全性三个维度。其中，网络定向广告的信息推荐质量外显于精准性，生动性是信息推荐质量的内在要求，安全性是信息推荐质量的内隐条件。精准性是指消费者所感知到的网络定向广告信息与其需求、偏好等的匹配程度；生动性是指消费者所感知到的网络定向广告展示形式和展示内容的创意和新颖程度；安全性是指消费者所感知到的网络定向广告对隐私信息数据的收集、分析和使用，不会导致自己受到伤害的程度，即消费者所感知到的安全保障程度。

最后，采用定量的研究方法对网络定向广告信息推荐质量的量表进行了开发。通过初始量表的形成，采用两次探索性因子分析纯化测量题项，再使用验证性因子分析检验模型拟合优度，并进行了信度和效度检验，最终得到网络定向广告信息推荐质量的测量量表。该量表包括精准性、生动性和安全性三个维度，13个题项。

综合来看，本章的主要研究内容为剖析网络定向广告信息推荐质量的内涵、结构维度和量表开发。在概念界定清晰的基础之上，构建网络定向广告信息推荐质量的结构模型，并开发出了测量量表。为下文的网络定向广告信息推荐质量对消费者响应的影响机制理论和实证研究打下了基础。

第五章 网络定向广告信息推荐质量对消费者响应影响机理及研究假设分析

首先,对本书所涉及的理论基础进行梳理和分析,提出研究主线,构建网络定向广告信息推荐质量对消费者响应影响的概念模型。其次,基于以上理论基础、研究主线和概念模型,探究网络定向广告信息推荐质量对消费者响应的影响和作用机制,通过严谨的推论提出研究假设。最后,构建网络定向广告信息推荐质量影响消费者响应的理论模型。

第一节 理论基础与研究主线

本书所构建的理论模型是以电子商务、市场营销学、广告学和消费者行为学中的一些经典和重要理论为基础。具体来看,主要包括 SOR 理论、理性行为模型和技术接受理论。

一、SOR 理论

SOR 理论,即刺激—机体—反应理论模型(Stimulus Organism Response, SOR),是由 Mehrabian 和 Russell(1974)所提出。该理论是由刺激—反应(SR)模型引申而来,如图 5-1 所示。SOR 理论模型认为,消费者的复杂购买行为可以由刺激和反应两部分来解释。其中,刺激既包括消费者自身的需求,也包括来自外部的环境变化;反应则是指消费者面对刺激时所做的一切活动。Mehrabian 和 Russell(1974)从意识视角出发,研究发现不同的情景会产生不同的行为,并且是通过认知(如感知、理解等)来实现的(张薇,2016)。

图 5-1 SOR 模型

SOR 理论模型已被广泛应用于网络情境下,外部刺激、消费者感知及其反应之间的关系(张玉鲁,2011)。例如,Eroglu 等(2001)以网络购物氛围为研究对象,采用 SOR 模型构建消费者对网络购物氛围的反应机制,认为做外部刺激的高任务相关网站氛围能够触发消费者的情感和认知,进而产生趋近行为。Bleier 和 Eisenbeiss(2015)以 SOR 模型为理论基础,探析了消费者信任对网络定向广告的重要性,研究认为,作为刺激因素的网络定向广告个性化水平通过机体因素(如有用性感知、隐私关注等),触发消费者对网络定向广告的点击意愿。

在本书中,SOR 理论模型能够解释信息推荐质量通过何种路径来影响消费者响应,以及会产生哪些影响的问题。

二、理性行为模型

理性行为模型(Theory of Reasoned Action)是消费者态度研究领域的经典理论,由 Fishbein 和 Ajzen(1975)所提出,他们认为,动机和信息对消费者行为造成的影响是一种间接影响,消费者个人态度和主观规范起到了中介的作用。具体来看,当消费者面对不同的刺激和信息时,不仅形成个人态度;同时规范信念和顺从动机也使得消费者具有不同的主观规范。个人态度和主观规范的组合直接影响了行为意向,进而影响消费者的实际行动。在提出理性行为模型之后,Fishbein 不断对模型进行简练,提出"信念—态度—意向—行为"模型,解释消费者信念到消费者行为之间的整个演变和影响机制(李斐斐,2015),如图 5-2 所示。在消费者行为学的研究领域中,信念涵盖了消费者对某一产品或服务的看法、感知以及认知等(李斐斐,2015)。随着学者的研究不断深化,学者将个人态度划分为认知态度和情感态度两个维度(于丹等,2008)。

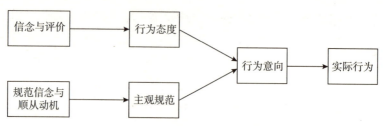

图 5-2　理性行为理论的模型

　　综观以往营销及消费者行为学研究领域对理性行为理论模型的发展和应用，可以发现，对于该理论的深化性研究主要涉及以下三个方面：一是对消费者态度维度的深入研究；二是对主观范式类型的深入研究；三是对消费者行为意图类型的探究。在本书中，理性行为理论能够应用于解释消费者对网络精准广告精准传播特征所形成的态度对消费者价值感知和消费风险感知的重要性。同时，有助于分析消费者对精准传播特征的态度能够使消费者产生何种响应。

三、技术接受模型

　　以理性行为理论模型、计划行为理论模型等相关理论为基础，Davis（1986）提出技术接受模型（Technology Acceptance Model，TAM），用来解构和预测消费者对信息技术和信息系统的接受、采纳和使用等行为。以理性行为理论框架为基础，Davis（1986）以感知使用绩效为基础，构建感知有用性；以自我效能为基础，衍生感知有用性；并将理性行为模型中的信息具体化为感知有用性和感知易用性；理论解析了感知有用性和感知易用性对主观规范的概念涵盖。最终，构建了用来解释和预测使用者对信息技术和系统的接受等行为的技术接受模型。技术接受模型框架，如图 5-3 所示。

图 5-3　技术接受模型框架

新的信息技术或系统的推出和应用，使消费者对其产生主观认知，即感知有用性和感知易用性，进而直接影响了消费者对信息技术或系统的态度（积极态度 VS 消极态度）。消费者对信息技术或系统的态度，又会影响其行为意图，进而影响到消费者对新技术的采纳等实际行动。其中，感知有用性是指消费者使用新技术对其生活、工作、决策等绩效的效率提升程度；感知易用性是指消费者对新技术的使用所付出的努力程度（高芙蓉和高雪莲，2011）。在技术接受模型中，消费者对新技术的接受意愿受到态度和感知有用性的共同决定。在本书中，技术接受模型可以应用于解释为什么高信息推荐质量的网络定向广告会促使消费者产生较高的点击和持续使用意愿，为所提出的相关假设推演提供理论保障。

四、研究主线分析

当前学术界对于采用定向技术的网络定向广告进行了研究，探析了网络定向广告推荐信息的个性化水平对消费者行为的影响。鲜有研究从整体的视角立足于网络定向广告信息推荐质量，深入探讨如何以现有成果为理论基础，研究消费者所感知到的信息推荐质量如何影响其态度和行为。同时，在现有研究中，消费者对具有定向特征的在线广告的认知、情感和行为的研究也相对不足。本书认为，信息推荐质量是保障网络定向广告绩效的重要因素，其通过对消费者多元信息数据的收集、分析和使用，将与消费者需求相匹配的产品信息推送给消费者。从这个角度出发，消费者在面对网络定向广告时，具有多元化的感知。此时，深入了解消费者对网络定向广告信息推荐质量的感知、信任和响应过程，能够为广告运营商及企业提供有效的营销策略。因此，基于理性行为理论和技术接受理论，本书拟构建网络定向广告信息推荐质量感知到消费者价值感知、消费者信任，再到行为意向的影响路径。具体研究主线如图 5-4 所示。

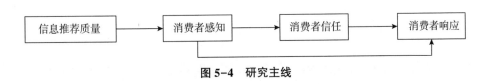

图 5-4　研究主线

第二节　概念模型

如前两章所述，网络定向广告是运用大数据技术收集并分析源于个体层次消费者的多元化网络行为及信息数据，并以此来预测消费者产品需求与偏好，进而通过传统互联网及移动互联网向个体层次的消费者提供不同个性化程度的精准化推荐服务的新型网络商业广告。网络定向广告具有多元化消费者信息数据的收集、分析和使用，并向个体层次的消费者传递既符合其偏好需求，又符合其情景需求的广告内容的精准传播特征。

在现有的网络定向广告研究中，将个性化水平视为网络定向广告的重要特征。学者普遍认为，高个性化水平的网络定向广告，一方面，能够为消费者提供与其需求相匹配的产品或服务信息，降低信息搜寻成本，进而使消费者具有较高的感知易用性和感知有用性，采纳广告信息；另一方面，高个性化水平也给消费者带来侵犯感、不公平感知等消极因素，进而使消费者采取广告回避行为。综合来看，消费者对网络定向广告既有积极响应（如广告点击意愿、产品购买意愿等），也有消极响应（如广告屏蔽、广告厌恶等）。如何提高消费者价值感知并降低风险感知，成为定向技术难以解决的问题。

随着物联网等技术的发展，网络定向广告的个性化水平进一步被扩展，演化成为具有精准性特征的网络定向广告。网络定向广告的精准性，既能满足消费者对个性化产品信息的需求，又能与情景相匹配。此时，网络定向广告不再仅仅是通过解决信息不对称和简化消费决策来提升消费者的有用性感知和易用性感知（Lai 等，2007），消费者将更多地获得期望价值、体验价值等价值感知。例如，在消费者购买决策中的需求分析中，网络定向广告可以为消费者提供有关产品、价值、商家信用等信息。多元、生动的产品信息能够使消费者将产品价值、质量等与其所期望的产品进行对比，以做出最优决策，最终提升了消费者的期望价值。因此，本书进一步认为，网络定向广告信息推荐质量与消费者响应之间还存在着重要的、未被解读的影响路径，其中，一个很重要的路径就是消费者功能性价值感知。

与传统网络广告相比，网络定向广告的关键技术在于对消费者信息数据的收集、分析和使用。消费者会有被监控的感知、个人隐私数据被侵犯乃至个人隐私数据被滥用等认知。这就使消费者认为其在网络定向广告使用过程中承担着遭受损失的风险。例如，网络定向广告对消费者网络购物行为和信息数据的使用，可能会使消费者感知到其金融账户、个人身份信息等重要信息的泄露，进而有着金钱损失的风险感知。因此，消费者对个人隐私和数据安全的认知已成为学者所关注的研究重点。具有高信息推荐质量的网络定向广告能够通过安全性有效降低消费者隐私关注，进而提升情感性价值感知。具体来看，一方面可以通过向消费者做出隐私保障承诺和隐私使用声明等，打消消费者的隐私顾虑；另一方面还可以通过推荐内容解释和参与推荐内容生成等，使消费者自主选择定向技术所使用的信息数据范围和类型，进而有效降低风险感知，提升消费者情感性价值感知。

　　以往的研究显示，网络定向广告特征会影响消费者信任（Bleier 和 Eisenbeiss，2015），消费者信任既是激发后续积极消费者响应的重要变量，也是维持网络定向广告绩效的重要保障。综上所述，本书认为，网络定向广告信息推荐质量与消费者响应间存在重要的影响路径。因此，以相关研究为理论基础，构建网络定向广告信息推荐质量对消费者响应的影响机制。网络定向广告信息推荐质量的提升将会提高消费者功能性价值感知和情感性价值感知，并进一步积极影响消费者信任，最终导致消费者响应。因此，本书将围绕"网络定向广告信息推荐质量—感知—信任—行为意向"的思路，将研究主线进一步细化为概念模型，最终构建网络定向广告信息推荐质量影响消费者响应的概念模型，具体概念模型如图 5-5 所示。

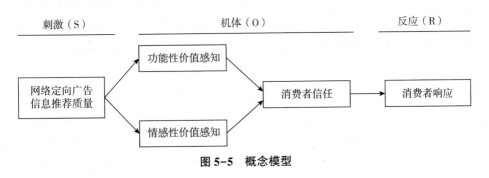

图 5-5　概念模型

第三节　网络定向广告信息推荐质量影响消费者响应的机理分析

本节依据影响路径的不同，分别对网络定向广告信息推荐质量与消费者响应间的影响路径进行机理分析，以厘清本书的概念模型。鲜有对网络定向广告的研究，多是以个性化水平（广告内容与消费者偏好的相关程度）为出发点，研究其对消费者感知、广告采纳以及广告效果的影响（Boerman 等，2017）。有学者提出采取积极措施来降低负面影响。例如，Aguirre 等（2015）探析信息收集公开化对网络定向广告个性化水平与脆弱性感知间的负面调节作用，指出信息收集公开化能够有效缓解个性化水平所导致的脆弱性感知。但现有学者从整体性的视角探析网络定向广告信息推荐系统的服务质量对消费者响应的作用机制。随着移动互联网和移动终端技术的发展，本书认为，从网络定向广告信息推荐质量的整合性视角探析消费者对其的响应机制，能够更有效地发挥网络定向广告效果。因此，本节以网络定向广告信息推荐质量为逻辑起点，概念模型进行机理分析。

一、"信息推荐质量—价值感知—消费者响应"影响机制分析

在网络定向广告的以往研究中，学者将研究重点放在了个性化水平上。网络定向广告运营商通过对消费者数据类型、数量的不同采集、分析和使用，推送给消费者个性化水平不尽相同的网络定向广告。学者认为，个性化水平为网络定向广告的主要特征，个性化水平通过满足消费者的有用性感知和易用性感知等，进而提升消费者对网络定向广告的积极响应。例如，Bleier 和 Eisenbeiss（2015）认为，对于信誉较高的网络零售商来讲，高个性化水平的网络定向广告有利于提升消费者的有用性感知，此时消费者更倾向于广告采纳行为；在对网络个性化推荐的研究综述中，孙鲁平等（2016）指出，学者多以技术接受模型为理论依据，探析个性化推荐特征对消费者的有用性感知和易用性感知有着显著的正向影响。同时，具有高个性化水平的网络定向广告也会导致消费者

情绪和较低的点击率。

(一) 高信息推荐质量所带来的网络定向广告特征分析

由第四章的分析可知,网络定向广告信息推荐质量包括精准性、生动性和安全性。其中,精准性能使广告内容与消费者偏好相匹配,生动性能为消费者提供新颖、全面的产品信息,安全性能保障消费者隐私数据的安全。

此时,高信息推荐质量的网络定向广告具有广告内容的高度匹配、消费偏好可观察性、富有创意的展现形式和降低消费者隐私忧患的特征。具体分析高信息推荐质量的网络定向广告特征主要有以下四点:一是内容的高度匹配,也就是说高信息推荐质量的网络定向广告与消费者的偏好、需求等高度匹配;二是消费偏好可观察,从内容的高度匹配的侧面来看,广告内容就像是一面"镜子",使自我、商家和其他消费者通过广告内容来观察到消费者的购买行为、偏好和需求等;三是创意性展示,也就是说网络定向广告采用具有创意性的形式来对广告内容进行展示;四是降低隐私忧患,高信息推荐质量的网络定向广告不仅能保障消费者隐私数据的安全,还能使消费者具有较高的安全保障感知。

此时,网络定向广告信息推荐质量对消费者价值感知的作用,也不再局限于有用性感知和易用性感知,更多地提升了消费者功能性价值感知和情感性价值感知。

(二) 网络定向广告信息推荐质量对消费者价值感知的影响机理

由以上分析可知,信息推荐质量的提升,能使网络定向广告具备四个特征:广告内容的高度匹配、消费偏好可观察性、富有创意的展现形式和降低消费者隐私忧患。高信息推荐质量的网络定向广告正是通过这四个特征来提升消费者的功能性价值感知和情感性价值感知。

第一,网络定向广告信息推荐质量对消费者功能性价值感知的影响机理分析。首先,高信息推荐质量的网络定向广告具有广告内容与消费者偏好匹配的特征,能够满足消费者的即时需求和潜在需求,显然降低了消费者搜寻成本,满足了消费者的产品或服务信息需求,提升了消费者购物效率,这直接提升了消费者有用性和易用性等功能性价值感知;其次,网络定向广告内容是基于消费者人口统计特征、浏览记录和购买记录等信息数据生成,广告内容能够显示出消费者特征、偏好和需求等。对于消费者而言,高信息推荐质量的网络定向广告内容发挥了"镜子"（映射自我）的效用。这就意味着高信息推荐质量的网络定向广告起到量化自我的作用。量化自我是指消费者对能反映其消费行为、生活方式等的信息数据进行记录和追踪的过程（李东进和张宇东，2018）。通过网络定向广告内容所发挥的量化自我作用，能够唤起消费者的自我意识和自我认知（Robertsson，2014），进而使消费行为更趋于理性，乃至改变消费者的行为方式（Ruckenstein 等，2017），这也提升了消费者功能性价值感知。

第二，网络定向广告信息推荐质量对消费者情感性价值感知的影响机理分析。首先，广告内容的高度相关，也能够避免广告与情景的不一致性所导致的服务失败，为消费者带来便捷并且具有实效性的产品信息，提升了消费者的体验价值（郭婷婷等，2015）。其次，高信息推荐质量的网络定向广告采用创意性的展现形式将信息传递给消费者，提升了消费者的感官体验价值。再次，对消费者而言，高信息推荐质量的网络定向广告对消费者偏好显化也起到了隐形社会标签的作用（Summers 等，2016）。依据标签理论，消费者可以通过网络定向广告所呈现的产品内容来构建、强化及表达自我。与品牌的象征形象不同，随着消费者偏好和行为的变化，基于高信息推荐质量的网络定向广告所呈现的消费者形象具有动态性和隐形性的特点。此时，消费者可以使用高信息推荐质量的网络定向广告内容向商家或其他消费者进行自我展示，进而获得象征价值的情感性价值感知。最后，高信息推荐质量能够有效降低网络定向广告内生性所导致的消费者风险感知。具体来看，数据安全承诺和隐私使用声明能使消费者了解网络定向广告的运行机制，数据使用范围和类型，公开化地进行消费者信息收集；推荐解释能使消费者知晓推荐理由，增加推荐内容的合理性；参与推荐内容生成也能使消费者自主选择何种信息被收集、分析和使用，避免隐私数据的泄露，这些都能使消费者具有心理安全感知（消费者认为，即使自己的信息数据被广告营运商所使用，也不会导致自己受到隐私侵犯的一种信念），进而提升消费者情感性价值感知。

综上所述，网络定向广告信息推荐质量的精准性、生动性和安全性三个维度，能使网络定向广告具有内容高度相关性、消费偏好可观察、创意的展示形式和降低隐私忧患四个特征；进而使高信息推荐质量的网络定向广告满足消费者信息需求、降低搜寻成本、满足量化自我需求，最终提升消费者功能性价值感知；同时，高信息推荐质量的网络定向广告也能够提升消费者体验价值、通过表达自我获得象征性价值、提升心理感知，最终提升消费者情感性价值感知。具体的网络定向广告信息推荐质量对消费者价值感知的影响机理，如图5-6所示。

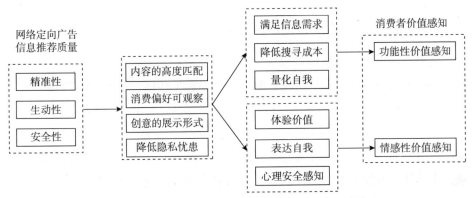

图 5-6　网络定向广告信息推荐质量对消费者价值感知的影响机理

（三）消费者价值感知对消费者信任、消费者响应的影响机理分析

目前学者已证实消费者价值感知、信任与消费者响应间的重要关系。裴贤和梁文玲（2010）采用实证的研究方法，研究得出广告内容的真实性、实时性和个性化水平都能显著触发消费者信任，最终提升消费者对广告的响应。

网络定向广告信息推荐质量与消费者价值感知都有可能显著正向影响消费者信任。具体来看，消费者在使用网络定向广告时，将依据广告所呈现的产品或服务信息，对网络定向广告的信息推荐质量做出评价，进而做出是否信任的判断。在面对网络定向广告时，消费者将推荐系统质量和广告内容质量作为信任与否的核心判断标准。当广告所提供的信息真实、充分时，能够满足消费者需求。此时，信息便利性和易用性等消费者价值感知将显著促进消费者信任（Bart 等，2005）。同时，消费者信任会进一步导致心理承诺（望海军，2012），即维持与广告联结关系的意愿。此时，也将会触发消费者对广告的积极响应。

同时，信息推荐质量的精准性、生动性和安全性三个维度能够使网络定向广告具有创意的展现形式，使消费者偏好被其他消费者观察到，也能够降低消费者的隐私忧患。这就为消费者带来体验价值、自我表达价值和心理安全感知，进而提升消费者情感性价值感知。Morgan 等（1994）认为，只有具有价值的关系，才能够使消费者具有维持此种关系的意愿。这意味着，价值是获得消费者心理承诺的驱动因素。在高信息推荐质量网络定向广告情景下，消费者在功能性和情感性两方面获得了持续的满足，进而使其持有信任和积极响应意愿。

二、消费者对信息推荐质量感知的驱动因素分析：说服知识水平

说服知识水平（Persuasion Knowledge）是消费者依据购物经验、与他人交流及反思中所形成的有关广告信息如何传播、为何传播以及何时传播的知识体系（Friwstad 和 Wright，1994）。通过对说服知识的应用，消费者可以合理应对企业的劝说和营销策略，进而完成消费目标（梁静和李晶，2008）。说服知识具有动态性，既包括消费者对企业及其营销策略的理性判断，也包括消费者对企业及其营销策略的情感性认知，并且随着消费者个人知识、阅历的增长，逐步得到修正的知识体系（梁静，2008）。说服知识与产品知识不同，说服知识更侧重于消费者对企业所采用的营销策略、信息传播机制等的认知，进而识别出企业的意图。消费者说服知识的获取途径主要包括以下三种：一是对企业的营销策略的观察和反思；二是社会直接互动，例如，与朋友、家人的直接交流；三是社会间接互动，例如，新闻媒体对企业营销策略的评论。Koch（2001）采用定性和定量的研究方法，得出说服应对技能具有四种类型：推理、模式识别、移情和客观性。其中，推理是指消费者采用归纳和演绎的推理方式，对所经历的说服情景进行反思、总结，进而得到一般性知识和技能；模式识别是指当消费者面对新的说服情景时，常使用与已形成的说服知识体系进行比较和匹配；移情是指消费者在面对说服情景时，消费者综合运用说服知识体系，从营销人员的立场出发，去判断其真实目的、想法和感受；客观性是指消费者在面对说服策略时，保持中立的态度，既不被营销策略所左右，也不歪曲营销动机。

消费者通过对说服知识的应用来辨识、分析、评价企业的劝说意图，进而选择并实施有效的、合适的应对策略。此时，说服知识能够通过企业所披露的产品信息识别出真正有用的信息，同时也能够防止被营销策略所蒙蔽，做出错误的消费决策。这样来看，说服知识具有自我防卫的作用。以往的研究中，多数学者认为，说服知识会使消费者对营销策略和产品产生负面的态度和认知。

Isaac 和 Grayson（2017）认为，说服知识也会使消费者对企业及产品产生正面的态度和评价。通过四组实验研究，Isaac 和 Grayson（2017）得出，说服知识能够为企业带来更多的信任（而非怀疑）等正面态度，这与 Friestad 和 Wright（1994）所提出的说服知识模型是一致的，同时他们认为，当一个有说服力的代理人使用可靠的策略时，说服知识可以引导消费者对代理人进行评估，而它提供的是更有利的评价和态度。

网络定向广告推荐内容以对消费者不同类型的数据信息的收集、使用和分析为前提。同时，对于消费者数据的收集、使用和分析都是在后台进行，有时可能不被消费者知晓，此时消费者具有网络定向广告运营商隐藏其行为和动机的认知，即隐藏动机感知。当消费者认为网络定向广告具有隐藏动机时，消费者会进一步将网络定向广告运营商的信息传播解读为利己行为（产品推销），而非利他行为（满足消费者信息需求）。

在网络定向广告情景下，消费者能够运用说服知识来识别网络定向广告运营商企图如何影响自己，并且努力去引导这种劝说实现自己的消费目标。消费者的说服知识水平意味着他们对网络定向广告运营商营销行为及其目的的熟悉程度。只有明确网络定向广告运营商的说服动机，消费者才能形成对网络定向广告信息推荐质量的感知、评价和态度，最终做出购买决策等。消费者对网络定向广告的说服动机的评判来源于广告内容及信息源的影响。如果消费者认为网络定向广告推荐的产品是出于自利的动机，此时消费者对网络定向广告及其运营商产生负面的态度，并且不会接受广告内容。

消费者所掌握的说服知识越多，其对信息推荐服务的信息使用情况越理解。此时，消费者更有可能充分参与推荐内容生成，提供能够满足其消费目标的数据给网络定向广告运营商，以较为便捷的方式获得更有价值的信息，最终导致消费者的价值感知提升。相反地，对于说服知识较少的消费者而言，由于定向技术的知识匮乏，加之隐私关注影响，消费者会一味地阻止网络定向广告运营商对其信息数据的获取等行为，进而使消费者产生网络定向广告无用或无效的认知，最终导致消费者价值感知很低的结果。这样来看，说服知识水平的提升，可以提升网络定向广告的精准传播特征与消费者价值感知间的正向关系。

当消费者的说服知识水平较低时，对网络定向广告运行机制缺乏真正的理解，只会简单地认为网络定向广告运营商对其信息数据的收集、使用和分析具有利己倾向，进而认为自己的隐私被侵犯，具有信息数据被不适当应用及滥用等感知，进而导致较高的风险感知。相反地，当消费者具有较高的说服知识水平时，了解网络定向广告对其信息数据的收集和使用机制，进而降低对网络定向广告劝说意图和推断隐藏动机的怀疑，最终导致较低的风险认知，提升了情感性价值感知。这样来看，说服知识水平的提升，可以提升网络定向广告信息推荐质量与消费者情感性价值感知间的正向关系。

第四节　研究假设与理论模型构建

在网络定向广告的研究中，学者已做出具有突破性的理论性和实践性研究，梳理了网络定向广告的个性化水平、消费者态度、消费者认知和消费者行为意愿之间的关系，得到能够有效指导实践的理论成果。同时，现有研究也存在着一定的局限性与研究不足，需要进一步明确和讨论。主要体现在以下两点：一是鲜有学者从信息推荐服务质量的视角，整合性地分析信息推荐质量会带来哪些影响及如何发挥作用，即网络定向广告信息推荐质量通过何种路径来影响消费者响应，这也是本书重点关注的研究问题；二是消费者特征在网络定向广告精准传播的过程中所发挥的重要作用仍需进一步探索，本书以消费者所拥有的说服知识水平为研究重点，探析说服知识水平的存在能够调节网络定向广告信息推荐质量与消费者感知、行为间的作用。因此，本节将沿着研究主线做出进一步的分析和理论推演。

一、信息推荐质量影响消费者响应的相关假设

在本书中，消费者响应是消费者面对网络定向广告时所做出行为的影响程度，是从消费者视角对广告效果的一种衡量（Boerman 等，2017）。Randolph（1998）指出，消费者对品牌选择、购买频率和数量等购买决策都属于消费者响应的范畴，同时消费者响应包括内在响应和外在响应（Bhattacharya 和 Sen，2001）。在网络定向广告的研究中，Boerman 等（2017）指出，学者关于消费者对网络定向广告响应的研究中主要集中于消费者对网络定向广告的点击意愿

和行为（Lambrecht 和 Tucker，2013；Summers 等，2016），消费者对网络定向广告的持续使用意愿（意味着不进行广告回避）（Aguirre 等，2015；Tucker，2014）两个方面。因此，在本书中，将广告点击意愿和持续使用意愿作为消费者响应的核心测量变量。广告点击意愿和持续使用意愿有众多的影响因素：①与广告相关的因素，例如，广告位置、广告内容关联度、丰富度等；②消费者内在心理因素，诸如消费者对广告的态度、产品熟悉度等（万君，2014）。

（一）网络定向广告信息推荐的精准性影响消费者响应的相关假设

由于具有高信息推荐质量的网络定向广告能够通过精准性来提升广告内容与消费者购买目标和自我图式的相关性和契合度，并以一对一的形式传递给单个消费者，此时网络定向广告所呈现的产品信息有利于消费者做出购买决策（Shavitt 等，1998）；精准性还能够有效地帮助消费者避免信息冗余（Ansari 和 Mela，2003），降低产品搜寻成本，快速高效地满足消费者的信息需求，进而提升广告点击意愿和持续使用意愿；精准性能够有效解决网络购物环境下的信息不对称，使企业针对具有信息需求异质性的单个消费者进行信息披露；同时，精准性能够使网络定向广告依据消费者所侧重的产品属性（例如，品牌、质量和价格等）的不同，在保证其他产品属性与消费偏好相关的条件下，向不同的消费者提供其最看重的产品属性最优的产品或服务信息。综上所述，本书提出以下假设：

H1a：网络定向广告信息推荐的精准性对广告点击意愿有显著的正向影响。

H1b：网络定向广告信息推荐的精准性对广告持续使用意愿有显著的正向影响。

（二）网络定向广告信息推荐的生动性影响消费者响应的相关假设

生动性是指网络定向广告展示形式的创意性和展示内容的相对优势程度。生动性能够触发消费者对网络定向广告展示内容和形式的创意性感知、丰富性感知和相对优势感知。

第一，创意性是指网络定向广告采用富有创意的展现形式，将产品或服务信息展示给消费者。Reijmersdal 等（2017）以青少年为研究对象，研究消费者颜色偏好的定向对品牌态度和广告点击意愿的影响，结果显示以产品定向和颜色定向的交互能够显著提升消费者的广告喜爱度，进而提升消费者的品牌态度、点击意愿和持续使用意愿。

第二，相对优势则是指相较于消费者之前所浏览的产品信息，网络定向广告能够推送消费者未曾关注过或搜寻到的产品或服务信息。首先，相对优势有利于减少消费者对推荐信息的厌倦感。同时，鉴于消费者多样性购买动机的存在，推荐内容能够增强消费者的广告喜爱度，减少对网络定向广告推荐信息的厌倦程度。其次，相对优势感知能够使网络定向广告将消费者未曾搜寻到的产品信息展示给消费者，使消费者发现意想不到的产品或服务信息（杨一翁等，2016）。刘倩（2011）以电商平台下的网络定向广告为研究对象，指出当消费者与网络定向广告之间关系处于衰退阶段时，网络定向广告展示内容的相对优势能够正向影响消费者响应，进而提高其对网络定向广告的点击意愿和持续使用意愿。

综上所述，依据精细加工可能性模型（Elaboration Likelihood Model，ELM），当消费者缺乏足够的动机处理信息细节时，作为外部线索的网络定向广告信息推荐的生动性，通过展示形式的创意性和展示内容的相对优势，可能直接触发消费者态度的转变，吸引消费者注意力，进而提升消费者对网络定向广告的点击意愿和持续使用意愿。综上所述，本书提出以下假设：

H2a：网络定向广告信息推荐的生动性对广告点击意愿有显著的正向影响。

H2b：网络定向广告信息推荐的生动性对广告持续使用意愿有显著的正向影响。

（三）网络定向广告信息推荐的安全性影响消费者响应的相关假设

第一，网络定向广告信息推荐质量的安全性维度，为消费者与网络定向广告之间的"数据交易"提供了社会契约基础。在这种潜在的社会契约情境下，广告商以负责的态度来收集、分析和使用其个人信息数据，有效保障消费者隐私数据的安全，并向消费者做出安全承诺。减少消费者对"数据交易"过程的理解和监控，进而降低消费者对网络定向广告技术复杂性的感知，使消费者不必对网络定向广告的数据收集行为进行质疑。并专注于对广告内容的评估。此时，网络定向广告内容若符合消费者预期，消费者将会有着较高的广告点击意愿和持续使用意愿。

第二，网络定向广告以对消费者信息数据的收集、分析和使用为技术基础，这也就内生地提升了消费者隐私关注，进而触发个人隐私数据泄露的主观判断。网络定向广告信息推荐质量的安全性维度能够向消费者做出数据安全承诺，明确对消费者数据的使用范围和类型，使消费者了解网络定向广告对其网络行为信息数据的使用机制、使用范围和类型，减少消费者对风险认知误差，进而提升消费者心理安全感知。此时，安全性是指消费者所感知到的网络定向广告对隐私信息数据被收集、分析和使用，不会导致自己受到伤害的程度，即消费者所感知到的安全保障程度。当消费者具有较高的安全性感知时，将会更加积极地将个人网络信息数据分享给网络定向广告运营商，进而提高广告内容与其偏好的匹配，以获得更有用的产品或服务信息，此时消费者有着较强的广告点击意愿和持续使用意愿。

综上所述，安全性不仅有利于提升消费者的隐私数据安全性感知，进而提升广告点击意愿和持续使用意愿，还能够促使消费者将真实有效的个人网络行为数据进行公开，提高广告内容与其偏好的匹配度，进而提升广告点击意愿和持续使用意愿的良性循环。因此，提出以下假设：

H3a：网络定向广告信息推荐的安全性对广告点击意愿有显著的正向影响。

H3b：网络定向广告信息推荐的安全性对广告持续使用意愿有显著的正向影响。

二、信息推荐质量影响消费者功能性价值感知的相关假设

在对前人的研究成果进行梳理和综述之后，本书对消费者价值感知作出如下定义：当消费者采用网络定向广告来获取产品信息时，消费者通过感知收益对网络定向广告服务做出具有主观性的综合评价。同时，借鉴前人对消费者价值感知的维度划分，将其划分为消费者功能性价值感知和消费者情感性功能价值感知。网络定向广告信息推荐质量是指消费者对所感知到的网络定向广告信息推荐服务的整体性评价。根据第三章的研究结论可知，网络定向广告信息推荐质量包括精准性、生动性和安全性三个维度。本书认为，网络定向广告信息推荐质量给消费者功能性价值感知带来多方面的积极影响，主要由于以下五个原因。

第一，网络定向广告信息推荐质量通过精准性来提升广告内容与消费者购买目标和自我图式的相关性和契合度，并以一对一的形式传递给单个消费者。由消费者决策模型可知，消费者对广告信息的关注主要集中于购买决策的产品信息收集阶段。因此，网络定向广告所呈现的产品信息有利于消费者做出购买

决策（Shavitt 等，1998）。同时，Conti 等（2012）进一步指出，当广告信息与消费者所需信息相匹配时，广告信息对消费者购买意愿及决策所发挥的作用效果更强。Tam 和 Ho（2006）在网页个性化对消费者信息处理及决策影响机制的研究中指出，依据消费者购买目标和自我图式对广告内容进行调整，能够显著提升相关性和有用性感知，进而提升广告效果。骆婕茹（2016）探究了网络定向广告与网络环境的一致性程度对消费者购买行为的影响，研究得出，当网络定向广告在购物类网站出现时（广告与环境一致），广告内容能够很好地满足消费者需求，进而提高消费者的功能性价值感知。这也就意味着，精准性能够提升消费者对网络定向广告的有用性感知。

第二，具有高信息推荐质量的网络定向广告不仅能够有效地预测消费者偏好，还能够通过生动性有效地帮助消费者避免信息冗余（Ansari 和 Mela，2003），降低产品搜寻成本，快速高效地满足消费者的信息需求，进而提升信息价值感知。具体来看，在网络购物情景下，生动性能够减少产品信息过载，删除重复的、无关的广告内容（林渊渊，2004），将广告内容聚焦于消费者偏好和购买目标的产品信息。在个性化推荐的研究中，学者指出，呈现给消费者有限的相关决策方案能够使消费者迅速做出有效的消费决策（Murthi 和 Sarkar，2003），同时也有助于提升其决策信心和决策满意度（Chernev，2003）。这就意味着，基于高信息推荐质量所呈现的广告内容就是围绕单个消费者偏好或购物目标所生产的相关产品的集合，能够有效降低信息冗余的发生，将广告内容聚焦于与消费者偏好高度相关的产品，减少消费者为购物决策所做出的努力程度，提升消费者决策信息和满意度，同时也提升了消费者对网络定向广告的易用性感知。

第三，高信息推荐质量的网络定向广告能够有效降低网络购物环境下的消费者信息不对称，使企业针对具有信息需求异质性的单个消费者进行信息披露。从业界的发展来看，网络定向广告多是以理性诉求为主。此时，网络定向广告大多是通过对产品信息的传播来影响消费者的购买决策和行为（庞隽和毕圣，2015）。同时，生动性能够使网络定向广告依据消费者所侧重的产品属性（如品牌、质量和价格等）的不同，在保证其他产品属性与消费偏好相关的条件下，向不同的消费者提供其最看重的产品属性最优的产品内容。以产品价格为例进行分析，在网络定向广告中，产品价格是较为常见的展示信息。高价格敏感性的消费者，总是试图寻找同品质、同品牌的产品中理性最优的价格。此时，网络定向广告通过展示内容的价格相对优势，为具有高价格敏感性的消费者传递同期内价格最低的同品质产品。与此同时，消费者在产品信息搜寻过程中，会依据不同商家的产品定价，形成产品的心理价格区间。网络定向广告所呈现的产品价格在消费者的心理价格区间内，那么生动性特征有效地降低了消费者的信息不对称和信息搜寻成本，并且对消费者的期望价值产生积极的影响（王军和徐敏娟，2013）。

第四，高信息推荐质量的网络定向广告所具有的安全性，能够促进消费者对个人信息数据的分享行为（Lee 等，2015），进而形成良性循环。具体来看，安全性使消费者能够积极地将个人信息数据分享给广告运营商，进而广告内容更能符合消费者的信息需求，进一步提升信息有用性和易用性感知等价值感知。反之，消费者会采用提供虚假个人统计信息，删除或禁止访问个人网络等措施来防范网络广告运营商对个人信息数据的收集。在这种情况下，网络定向广告系统所采用的信息数据并不具有完整性和准确性，必将导致广告内容的不相关性，进而导致消费者价值感知下降。

第五，高信息推荐质量的网络定向广告能够使消费者偏好具有可观察的特征。此时，网络定向广告内容发挥了"镜子"（映射自我）的效用。这就意味着高信息推荐质量的网络定向广告起到了量化自我的作用。量化自我是指消费者对能反映其消费行为、生活方式等信息数据进行记录和追踪的过程（李东进和张宇东，2018）。通过网络定向广告内容所发挥的量化自我作用，能够唤起消费者的自我意识和自我认知（Robertsson，2014），进而使消费行为更趋于理性，乃至改变消费者的行为方式（Ruckenstein 等，2017），这也提升了消费者功能性价值感知。

综上所述，网络定向广告的信息推荐质量能够依据消费者偏好去除冗余产品信息，聚焦符合消费者偏好的产品信息，有效提升消费决策质量和决策满意度，进而提升消费者功能价值感知。因此，本书提出以下假设：

H4a：网络定向广告信息推荐的精准性对消费者功能性价值感知有显著的正向影响。

H4b：网络定向广告信息推荐的生动性对消费者功能性价值感知有显著的正向影响。

H4c：网络定向广告信息推荐的安全性对消费者功能性价值感知有显著的正向影响。

三、信息推荐质量影响消费者情感性价值感知的相关假设

在网络定向广告情景下，情感性价值感知是消费者所感知到的客体满足其情感需求的程度的整体性评价（董大海和杨毅，2008）。本书认为，网络定向广告信息推荐质量给消费者情感性价值感知带来多方面的积极影响，主要由于以下五个原因。

第一，具有高信息推荐质量的网络定向广告的精准性信息传递能够使消费者在使用过程中产生积极的消费体验。同时，相较于消费者以往的产品认知，广告内容具有价格、质量或配置等产品属性上的相对优势，超出消费者可接受的期望水平，继而触发消费者的积极情绪（如愉快、欣喜和快乐等），最终提升了消费者的情感性价值感知。此时，消费者具有较高的满意度和感知效用。

第二，具有高信息推荐质量的网络定向广告，使广告内容既与消费者偏好具有一致性，又与消费者所处情景（如时间、地点、浏览内容）具有一致性。Fazio（2010）指出，广告与情景的一致性加快了消费者的信息处理速度，增强了消费者的信息处理能力，促使其对广告及广告内容产生更为积极的情感性评价，同时消费者的购物决策更容易受到广告内容的影响。同时，具有高信息推荐质量的网络定向广告能够通过精准性和安全性，避免广告内容对消费者偏好或需求的不适宜性外显，降低了消费者的社会风险感知，避免了不一致性所触发的消费者消极情绪和广告态度，进而提升了消费者情感性价值感知。例如，消费者在家里使用搜索引擎搜寻过避孕用品等较为隐私的产品信息，当其在办公室等公共场合时，网络定向广告运营商为该消费者推送了避孕用品的广告内容；又如，电商以消费者收藏在电子购物车里产品为依据，使用站内网络定向广告，在消费者已购买的情景下，向该消费者推送相似产品。

第三，Haubl 和 Trifts（2000）对消费者的在线购买决策进行了研究，指出在线购买决策具有两个阶段，第一阶段是前期消费者会根据所用的信息和产品知识，大量搜寻并确定其有购买意愿的产品集；第二阶段是基于内外部信息线索（包括广告）做出消费决策。而网络定向广告能够通过精准性和生动性，依据消费者偏好生成产品集，并具有创意性的展现形式和具有相对优势的展示

内容，将众多与消费者偏好相匹配的产品信息传递给消费者。这显然降低了消费者所付出的努力程度，提升了网络购物体验，进而消费者会对网络定向广告产生积极的情感价值感知。

第四，高信息推荐质量的网络定向广告能够使消费者的消费偏好被其他消费者观察到。这也就意味着，高信息推荐质量的网络定向广告能够使消费者获得偏好展示，自我表达等的外部效用（邱琪和王永贵，2013），此时消费者获得了象征自我的情感性价值感知。网络定向广告能够以社会标签的形式，向其他消费者和商家展示其社会角色和身份信息。同时，作为社会标签的网络定向化广告还能够强化消费者的自我形象，进而促使消费者对网络定向广告做出积极响应。同时，社交网站内的网络定向广告能够通过消费者间互动，产生广告的娱乐价值，进而提升其对广告的情感性价值感知（杨莉明等，2016）。

第五，依据心理所有权理论，隐私关注使消费者对网络隐私数据具有心理所有权，网络隐私数据是消费者自我延伸或自我概念的表达。李娜（2012）从心理成本的视角指出，消费者对信息安全的信心不足，总会担心其个人信息数据、账户数据和密码等涉及财产和个人隐私的数据被盗取。以上因素都是消费者使用网络定向广告服务时所感知到的心理成本。高信息推荐质量的网络定向广告能够通过安全承诺、隐私使用声明等消费者隐私数据安全保障措施来降低消费者隐私关注，减少消费者的个人数据被泄露、挪作他用等心理成本，有效地降低了消费者的隐私数据风险感知，提升了心理安全感知。这就意味着，心理安全感知是指消费者所感知到网络定向广告对隐私信息数据被收集、分析和使用，不会导致自己隐私数据受到侵害的程度。当消费者具有较高的心理安全感知时，会显著降低其信息安全受到威胁的感知，减少担忧（陈昊等，2016），从而触发积极的情感响应和价值感知。

综上可知，高信息推荐质量的网络定向广告不仅能够提升购物经验（情感诉求）和消费者自我形象展示（心理诉求），还能够保障消费者的心理安全感知。这些因素都正向影响了消费者情感性价值感知。因此，本书提出以下假设：

H5a：网络定向广告信息推荐的精准性对消费者情感性价值感知有显著的正向影响。

H5b：网络定向广告信息推荐的生动性对消费者情感性价值感知有显著的

正向影响。

H5c：网络定向广告信息推荐的安全性对消费者情感性价值感知有显著的正向影响。

四、消费者价值感知影响消费者信任的相关假设

在网络定向广告情景下，本书将消费者信任定义为消费者为降低信息不对称和不确定性，获得真实有效的产品信息，消费者依据网络定向广告服务商的能力（满足消费者信息需求的能力）、诚实（信守数据安全的承诺）、善意（满足消费者信息需求的意愿）和可预测性（保持行为的一贯性）等因素，对网络定向广告服务商所提供信息和使用技术的依赖意念。如前所述，在具有高信息推荐质量的网络定向广告情景下，消费者的功能性价值感知来源于网络定向广告所提供的与其偏好、情景具有高度相关性的产品信息、购物成本的节省等因素；同时，消费者的情感性价值感知源于消费者积极的情绪、较高的满意度、积极的购物体验、自我表达、隐私数据安全保障和心理安全感知。有鉴于此，本书认为，功能性价值感知和情感性价值感知皆对消费者信任有正向影响，具体分析如下。

第一，Kim 等（2009）指出，在初始阶段，消费者信任的形成以一定程度的认知性感知和非理性因素为基础。消费者在初次使用网络定向广告时，将根据所获得的广告信息，对网络定向广告的功能特性进行推测，判定网络定向广告及其内容是否值得信任。徐小龙（2017）探究了网站质量与消费者对虚拟社群初始信任的影响，指出网站质量是消费者信任产生的重要源泉。Kim 等（2004）指出，电子商务系统质量可以分为信息质量和系统质量两个维度。高功能性价值感知的消费者对网络定向广告的信息质量和系统质量都有着较高的认知性评价，这就使消费者将更有可能依赖于网络定向广告所传递的产品信息制定购买决策。这就意味着，消费者信任的形成是消费者对网络定向广告及其运营商的信守数据安全的承诺、满足消费者信息需求的意愿和能力的认知性评价，而消费者的认知性评价则来源于消费者对信息质量的感知、系统质量感知和功能性价值感知等，因此，本书认为，消费者功能性价值感知将会影响其对网络定向广告及其运营商的能力、善意和诚实等信念的形成。

第二，在网络定向广告情境下，消费者价值感知的一个重要驱动因素是安

全性。安全性感知是消费者所感知到的安全保障程度。安全性感知能够使具有高情感性价值感知的消费者，具有较低的隐私关注，并更加相信网络定向广告及其运营商所做出的安全承诺和隐私使用声明。此时，消费者情感性价值感知能够促进消费者信任的形成。

第三，精准性使网络定向广告为消费者传递了符合其偏好和需求的广告信息，Komiak 和 Benbasat（2006）将其定义为自我参照性信息。由于网络定向广告所提供信息为自我参照性信息，使消费者获得偏好展示，自我表达等的外部效用，因此，有着较高的情感性价值感知。自我参照性信息使消费者有着自我概念一致性的情感性感知。首先，网络定向广告通过与消费者进行数据的互动，促使网络定向广告内容与消费者的形象和特质相匹配。当消费者发现这些匹配后，将更有可能对网络定向广告产生信任（Zhang，2015）。其次，网络定向广告对自我参照性信息的展示，能够使其被消费者感知到以消费者为中心，而非以自我和产品企业利益为中心。此时，根据归因理论，消费者则会将这种行为归因为利他性动机等亲社会行为。进而消费者产生公正性和客观性的情感性价值感知（张洪等，2017），这种善意式（网络定向广告满足消费者信息需求意愿）信念将会培养消费者对网络定向广告的情感信任。综上所述，本书提出以下假设：

H6a：消费者功能性价值感知对消费者信任有显著的正向影响。

H6b：消费者情感性价值感知对消费者信任有显著的正向影响。

五、消费者功能性价值感知影响消费者响应的相关假设

高信息推荐质量的网络定向广告所提供的广告信息能够有效降低消费者的搜寻成本，并且广告信息与消费者的偏好和情景需求高度相关，能够满足消费者当下的信息需求（康瑾和郭倩倩，2015）。此时，导致消费者对网络定向广告有着积极的态度。同时，高信息推荐质量的网络定向广告通过生动性尽可能多地为消费者传递具有新颖感知的产品或服务信息或未曾发现的产品或服务信息。此时，高信息推荐质量的网络定向广告通过精准性、生动性和安全性三个维度，有效地提升了消费者对产品信息的有用性感知和易用性感知等功能性价值感知。依据技术接受模型，当消费者具有较高的功能性价值感知时，会触发消费者的积极态度和行为意向。综上所述，本书提出以下假设：

H7a：消费者功能性价值感知对广告点击意愿有显著的正向影响。

H7b：消费者功能性价值感知对广告持续使用意愿有显著的正向影响。

六、消费者情感性价值感知影响消费者响应的相关假设

由上文分析可知，消费者对网络定向广告的情感性价值感知主要包括网络购物体验的提升，以自我表达为主的象征性价值、心理安全感知和情景一致性感知等。具体来看，首先，具有精准传播特征的网络定向广告所提供的产品信息，降低了消费者所付出的信息搜寻的努力程度，提升了购物体验和愉悦度，进而消费者对网络定向广告有着较高的点击意愿和持续使用意愿。其次，高信息推荐质量的网络定向广告与消费者自我概念一致性源于广告内容与消费者的自我概念一致性。这意味着，消费者的自我概念与网络定向广告所推荐产品及品牌形象相互作用，进而唤起消费者的主观认知和情感感受。此时，消费者对网络定向广告所推荐产品和品牌有着较高的认同度，进而消费者对广告有着较高的点击意愿和持续使用意愿（Bjerke 和 Polegato，2006）。再次，高信息推荐质量的网络定向广告能够通过安全承诺和隐私声明等保障措施，提升消费者心理安全感知，减少消费者隐私数据被侵犯的担忧，抑制消费者采取自我保护动机（Witte，1998），减少了广告回避行为。最后，网络定向广告内容与情景的一致性，能够有效优化消费者购买决策，触发消费者习惯性消费，这也使消费者对网络定向广告有着较高的点击意愿和持续使用意愿。综上所述，本书提出以下假设：

H8a：消费者情感性价值感知对广告点击意愿有显著的正向影响。

H8b：消费者情感性价值感知对广告持续使用意愿有显著的正向影响。

七、消费者信任影响消费者响应的相关假设

在以往的研究中，学者已证实消费者信任会影响其对网络定向广告的响应程度（Bleier 和 Eisenbeiss，2015）。本书认为，消费者信任对广告点击意愿和持续使用意愿有着正向影响，具体分析如下。

第一，消费者对网络定向广告的信任，能够使其依赖于以往的消费经验和产品知识，缓解消费者对信息服务质量的担忧（冯春阳，2017），促成消费者做出购买决策（Gefen 等，2003）。这也就意味着，高信任水平的消费者，有

着较高的广告点击意愿和持续使用意愿。

第二，消费者信任能够有效降低其对定向广告运营商是否具有满足消费者信息需求能力，是否具有满足消费者信息需求的意愿和是否能够保障数据安全的质疑和担忧，提升了消费者对广告内容的满意度。与此同时，消费者在使用网络定向广告服务中感知到的满意程度越高，越能够提升消费者的广告点击意愿和持续使用意愿。

第三，消费者信任有利于建立其对网络定向广告运营商间的信息依赖机制。Chircu 等（2000）在消费者对电子商务信任的研究中，指出消费者信任能够降低其对交易过程的理解、监视和控制所付出的努力程度，有利于交易达成。根据社会契约理论，广告商通过对个人信息的收集、分析和使用的披露，与消费者形成潜在的交易，即数据交易。这意味着，消费者信任能够有效减少其对"数据交易"过程的理解和监控，进而降低了消费者对定向技术复杂性的感知，使消费者不必对网络定向广告的数据收集行为进行质疑，并专注于对广告内容的评估。此时，如果网络定向广告内容符合消费者预期，消费者将会有着较高的广告点击意愿和持续使用意愿。

第四，具有高信任水平的消费者，具有较高的个人信息分享意愿（Lee等，2015），消费者更倾向于将真实的个人信息数据反馈给网络定向广告运营商。这将进一步提升网络定向广告内容与消费者偏好和情景需求的相关性。此时，广告内容与消费者偏好有着较高的一致性，消费者将会有着较高的广告点击意愿和持续意愿。

第五，具有高推荐质量的网络定向广告通过安全性感知，做出安全承诺和消费者数据的使用说明，例如，说明其对所收集的消费者个人信息数据类型的限制，这将大大降低消费者对网络定向广告运营商行为的不确定性感知，使消费者对网络定向广告的行为具有可预见性，进而形成稳定的心理预期（房莉杰，2009）。此时，消费者对网络定向广告具有积极的态度，进而对网络定向广告所使用技术和所推荐内容有着正向的点击意愿和持续使用意愿。综上所述，本书提出以下假设：

H9a：消费者信任对网络定向广告点击意愿有显著的正向影响

H9b：消费者信任对网络定向广告持续使用意愿有显著的正向影响。

八、说服知识水平的调节作用相关假设

(一) 说服知识水平与信息推荐质量影响消费者功能性价值感知的相关假设

说服知识是消费者对广告运营商所使用的传播策略以及说服策略的主观理解和信念 (Kirmani 和 Zhu，2007)。说服知识水平反映了消费者对网络定向广告所采用技术和所推荐内容的理解程度。随着消费者个人知识和阅历的增加，消费者所拥有的说服知识也将不断增长。同时又随着说服知识水平的不断提高，消费者将能够更加理性且客观地识别、分析与评价网络定向广告的劝说意图，以便选择并实施有效的应对策略，进而达成消费决策。本书指出，当消费者拥有较高的说服知识水平时，网络定向广告信息推荐质量对消费者价值感知的影响更加显著。

第一，高说服知识水平的消费者通过对企业营销策略和技术的观察反思、社会直接互动 (如口碑传播) 和间接互动 (如新闻报道) 等来加深对网络定向广告数据收集和分析技术的认知和理解。因此，具有高说服知识水平的消费者，其对数据收集和分析技术的认知和理解，有利于其选择性地提供个人信息数据，向有利于自身利益的方向优化推荐系统，充分利用网络定向广告的精准传播特征实现其功能性需求。这说明随着消费者说服知识的增长，网络定向广告信息推荐质量的精准性对消费者功能性价值感知的作用进一步加深。

第二，高说服知识水平的消费者能够采用推理、模式识别、移情和客观的说服应对技能 (梁静，2008) 来辨识和分析网络定向广告的劝说意图和营销动机，并以自我利益最大化为目标做出应对策略。此时，对于高说服知识水平的消费者而言，能够有效辨别出网络定向广告的隐藏动机，排除网络定向广告展示内容中的一些推销性产品信息。在排除网络定向广告的推销产品后，网络定向广告所推荐产品与消费者偏好和需求更具相关性，进一步降低消费者搜寻成本，消费者效用也就更大，消费者功能性价值感知也就越强。这也就说明，随着消费者说服知识的增长，网络定向广告信息推荐质量的生动性对消费者功能性价值感知的作用进一步加深。

第三，具有高说服知识水平的消费者，其对网络定向广告的运行机制、消费者信息数据的收集和分析技术有着较高的熟悉和认知度。此时，网络定向广告的安全承诺和隐私使用声明能够进一步提升消费者的心理安全感知。当高说

服知识水平的消费者具有较高的心理安全感知时，会更加放心地将个人网络行为数据共享给网络定向广告运营商，这也进一步提升了推荐内容与消费者需求、偏好和情景的匹配程度，最终提升消费者的功能性价值感知。综上所述，本书提出以下假设：

H10a：说服知识水平在精准性与消费者功能性价值感知间起正向调节作用。即消费者的说服知识水平越高，精准性对消费者功能性价值感知的正向影响越强。

H10b：说服知识水平在生动性与消费者功能性价值感知间起正向调节作用。即消费者的说服知识水平越高，生动性对消费者功能性价值感知的正向影响越强。

H10c：说服知识水平在安全性与消费者功能性价值感知间起正向调节作用。即消费者的说服知识水平越高，安全性对消费者功能性价值感知的正向影响越强。

（二）说服知识水平与信息推荐质量影响消费者情感价值感知的相关假设

高说服知识水平的消费者能够熟知电子商务的运营模式，较为熟悉其运营流程，其对网络定向广告的数据收集行为和广告内容有着较强的甄别能力。这也就使消费者具有能够降低个人信息数据被收集、不恰当使用以及有效识别产品信息的信念。Ham（2017）在消费者对网络定向广告的响应的研究中，指出说服知识水平能够提升消费者的自我效能感。自我效能是指个体对自己是否有能力完成某一行为所进行的主观推测与判断（Bandura，1977）。同时，高说服知识水平也能够有效提升消费者的权力感和控制感。本书推断，说服知识水平能够有效增加网络定向广告信息推荐质量对消费者情感性价值感知的影响。

第一，对于高说服知识水平的消费者而言，在面对网络定向广告时，消费者可以参与并优化推荐内容的生成，增强网络定向广告条件内容与消费者偏好和情景需求的匹配程度，进而提升广告体验和愉悦感。这也将进一步强化精准性对消费者情感性价值感知的影响。

第二，与品牌自我概念一致性不同，具备高信息推荐质量的网络定向广告所推荐产品内容对自我形象的象征性具有动态性。高说服知识水平的消费者，能够优化网络定向广告对个人信息数据的使用类型和范围，进而展示出不同的广告内容，此时网络定向广告能够向其他消费者展示出不同的自我形象和社会标签。这说明随着消费者的说服知识的增长，网络定向广告信息推荐质量的精准性和生动性对其情感性价值感知的作用进一步加深。

第三，对于高说服知识水平的消费者而言，其对信息技术有着较为深刻的认知，并对网络定向广告的运行机制有较为详细的了解，这对自己的能力感知更加自信，并具有较高的自我效能感。当说服知识水平高时，消费者对网络定向广告的安全承诺和隐私声明有着较高程度的认知。此时，高说服知识水平将有助于降低网络定向广告对其个人信息数据的收集、分析和使用所带来的不确定性和风险性感知，提升心理安全感知，进而提升消费者情感性价值感知。反之，低说服知识水平的消费者对网络定向广告的安全承诺和隐私声明并未有全面的了解，即使网络定向广告所推荐产品质量和价格都符合其预期，消费者也可能会顾虑潜在的各种风险（如财务损失风险、隐私暴露风险），进而减弱消费者情感性价值感知。这就意味着，说服知识水平的提高，使网络定向广告信息推荐质量的安全性对消费者情感性价值感知的作用进一步加深。综上所述，本书提出以下假设：

H11a：说服知识水平在精准性与消费者情感性价值感知间起正向调节作用。即消费者的说服知识水平越高，精准性对消费者情感性价值感知的正向影响越强。

H11b：说服知识水平在生动性与消费者情感性价值感知间起正向调节作用。即消费者的说服知识水平越高，生动性对消费者情感性价值感知的正向影响越强。

H11c：说服知识水平在安全性与消费者情感性价值感知间起正向调节作用。即消费者的说服知识水平越高，安全性对消费者情感性价值感知的正向影响越强。

九、理论及操作模型

本书从消费者价值感知和消费者信任的视角，探究了网络定向广告信息推荐质量对消费者响应的影响机制，同时引入能够代表消费者特征的说服知识水平作为调节变量，提出网络定向广告信息推荐质量对消费者响应作用机制的相关假设。最后，将本书所提出的研究假设汇总，具体如表5-1所示。

表 5-1　本书的相关研究假设汇总

编号	研究假设
H1a	网络定向广告信息推荐的精准性对广告点击意愿有显著的正向影响
H1b	网络定向广告信息推荐的精准性对广告持续使用意愿有显著的正向影响
H2a	网络定向广告信息推荐的生动性对广告点击意愿有显著的正向影响
H2b	网络定向广告信息推荐的生动性对广告持续使用意愿有显著的正向影响
H3a	网络定向广告信息推荐的安全性对广告点击意愿有显著的正向影响
H3b	网络定向广告信息推荐的安全性对广告持续使用意愿有显著的正向影响
H4a	网络定向广告信息推荐的精准性对消费者功能性价值感知有显著的正向影响
H4b	网络定向广告信息推荐的生动性对消费者功能性价值感知有显著的正向影响
H4c	网络定向广告信息推荐的安全性对消费者功能性价值感知有显著的正向影响
H5a	网络定向广告信息推荐的精准性对消费者情感性价值感知有显著的正向影响
H5b	网络定向广告信息推荐的生动性对消费者情感性价值感知有显著的正向影响
H5c	网络定向广告信息推荐的安全性对消费者情感性价值感知有显著的正向影响
H6a	消费者功能性价值感知对消费者信任有显著的正向影响
H6b	消费者情感性价值感知对消费者信任有显著的正向影响
H7a	消费者功能性价值感知对广告点击意愿有显著的正向影响
H7b	消费者功能性价值感知对广告持续使用意愿有显著的正向影响
H8a	消费者情感性价值感知对广告点击意愿有显著的正向影响
H8b	消费者情感性价值感知对持续使用意愿有显著的正向影响
H9a	消费者信任对广告点击意愿有显著的正向影响
H9b	消费者信任对广告持续使用意愿有显著的正向影响
H10a	说服知识水平在精准性与消费者功能性价值感知间起正向调节作用
H10b	说服知识水平在生动性与消费者功能性价值感知间起正向调节作用
H10c	说服知识水平在安全性与消费者功能性价值感知间起正向调节作用
H11a	说服知识水平在精准性与消费者情感性价值感知间起正向调节作用
H11b	说服知识水平在生动性与消费者情感性价值感知间起正向调节作用
H11c	说服知识水平在安全性与消费者情感性价值感知间起正向调节作用

综合考虑本章节的网络定向广告信息推荐质量对消费者响应的影响机理分析和研究假设推演，可得到本书的理论模型，具体如图 5-7 所示。

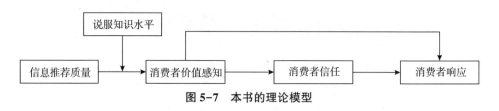

图 5-7　本书的理论模型

具体展开的操作模型如图 5-8 所示。

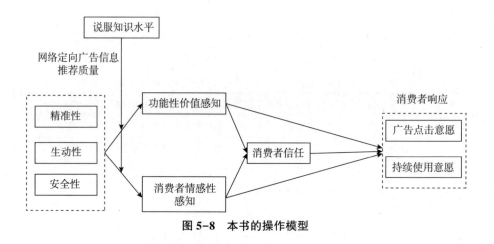

图 5-8　本书的操作模型

基于直观性地对研究问题的表述，结合所提出的研究假设、理论模型和操作模型，可得出研究假设，如图 5-9 所示。

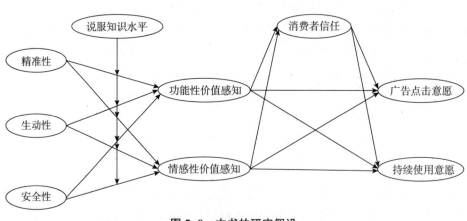

图 5-9　本书的研究假设

第五节　本章小结

　　本章主要由两部分组成，并呈现递进的逻辑关系。具体来看，第一部分通过对理论基础（即 SOR 理论和技术接受模型）的梳理，提出"网络定向广告信息推荐质量—价值感知—信任—响应"的研究主线，并以此为研究基础，进行机理分析。将感知具体化为消费者功能性价值感知和情感性价值感知并引入其中，引入代表消费者特征的说服知识水平作为网络定向广告信息推荐质量与消费者价值感知间关系的调节变量。第二部分则主要结合以往学者的研究成果和以上的研究，对网络定向广告信息推荐质量、消费者功能性价值感知、消费者情感性价值感知、消费者信任及消费者响应（广告点击意愿和持续使用意愿）之间的互相作用关系与机制进行了假设推演，最终构建本书的理论模型。

第六章　实证设计

第一节　变量操作化定义与量表设计

一、网络定向广告信息推荐质量的测量

本书将网络定向广告信息推荐质量界定为消费者对所感知到的网络定向广告信息推荐服务的整体性评价。由第三章的分析可知，网络定向广告信息推荐质量包括精准性、生动性和安全性三个维度。对于网络定向广告信息推荐质量的测量，采用本书自行开发的测量量表，该量表包括 13 个题项。量表所包含的题项，具体如表 6-1 所示。

表 6-1　网络定向广告信息推荐质量的测量量表

构念名称	题项	题项内容	参考来源
网络定向广告信息推荐质量	精准性 JZX1	此平台的网络定向广告所推荐的产品信息符合我的喜好	本书自行开发
	JZX2	此平台的网络定向广告所推荐的产品是我最近关注的产品	
	JZX3	某时某地，此平台的网络定向广告能够帮助我更快地获取附近的产品或服务信息	
	JZX4	此平台的网络定向广告所推荐的产品信息与我的历史浏览记录相关	

续表

构念名称	题项		题项内容	参考来源
网络定向广告信息推荐质量	生动性	SDX1	此平台的网络定向广告以精美的图片展示了所推荐的产品	本书自行开发
		SDX2	此平台的网络定向广告展示产品的方式会吸引我的注意力	
		SDX3	浏览此平台的网络定向广告会让我发现意料之外的产品	
		SDX4	浏览此平台的网络定向广告会让我有一种耳目一新的感觉	
	安全性	AQX1	此平台的网络定向广告会让我知晓对我个人信息收集的内容和用途	
		AQX2	此平台的网络定向广告会让我知晓，其对我隐私数据的安全保障措施	
		AQX3	此平台的网络定向广告不会使我的手机（电脑）中毒	
		AQX4	此平台的网络定向广告不会滥用和传播我的个人信息数据	
		AQX5	此平台的网络定向广告能够保障我的信息数据的安全	

资料来源：笔者整理。

二、消费者功能性价值感知的测量

本书将网络定向广告情景下的消费者价值感知划分为功能性价值感知和情感性价值感知两个维度。其中，消费者功能性价值感知是消费者对网络定向广告作为一种信息获取渠道满足其内在导向的消费决策的潜在能力所做出的响应性评价。结合前人所做研究和本文分析，本书对消费者功能性价值感知的测量借鉴并改编自 Malhotra 等（2004）、骆婕茹（2016）、查先进等（2015）和李雅筝（2016）所使用的量表，该量表包括四个题项。量表所包含的题项，具体如表 6-2 所示。

表 6-2 消费者功能性价值感知的测量量表

构念名称	题项	题项内容	参考来源
消费者功能性价值感知	GJZ1	此平台的网络定向广告提高了我的信息搜寻效率	Malhotra 等 （2004）；骆婕茹（2016）；查先进等（2015）；李雅筝（2016）
	GJZ2	使用此平台的网络定向广告可以节省我的时间和精力	
	GJZ3	此平台的网络定向广告有助于我发现更满意的产品	
	GJZ4	此平台的网络定向广告的信息有助于我做出购买决策	

资料来源：笔者整理。

三、消费者情感性感知的测量

在相关章节中，消费者情感性价值感知是消费者所感知到的客体满足其情感需求的程度的整体性评价（董大海和杨毅，2008）。在网络定向广告情景下，本书对于消费者情感性价值感知的测量借鉴并改编自 Wang 等（2004）、雷星晖（2012）和李存超（2014）所使用的量表，该量表包括四个题项。该量表所包含的题项，具体如表 6-3 所示。

表 6-3　消费者情感性价值感知的测量量表

构念名称	题项	题项内容	参考来源
消费者情感性价值感知	QJZ1	浏览此平台的网络定向广告使网购更加轻松愉悦	Wang 等（2004）；雷星晖（2012）；李存超（2014）
	QJZ2	此平台的网络定向广告内容让我感觉赏心悦目	
	QJZ3	浏览此平台的网络定向广告会让我发现意想不到的惊喜	
	QJZ4	此平台的网络定向广告所推荐的品牌产品与我的个性、兴趣和爱好等相称	

资料来源：笔者整理。

四、消费者信任的测量

在网络定向广告情景下，本书对消费者信任做出如下定义：为获得真实有效的产品信息，消费者依据网络定向广告服务商的能力、诚实和善意等因素，对网络定向广告服务商所提供信息和使用技术的依赖意愿。对于消费者信任的测量，本书借鉴 Mcknight 等（2002）、金玉芳和董大海（2004）、Gefen 等（2011）和林家宝等（2015）的研究成果，使用三个题项作为测量工具来测量消费者信任。量表所包含的题项具体如表 6-4 所示。

表 6-4　消费者信任的测量量表

构念名称	题项	题项内容	参考来源
消费者情感性价值感知	XXR1	此平台的网络定向广告是诚实的	Mcknight 等（2002）；金玉芳和董大海（2004）；Gefen 等（2011）；林家宝等（2015）
	XXR2	此平台的网络定向广告是可靠的	
	XXR3	此平台的网络定向广告是值得信任的	

资料来源：笔者整理。

五、消费者响应的测量

消费者响应是消费者面对网络定向广告时所做出的影响程度，是从消费者视角对广告效果的一种衡量（Boerman 等，2017）。在本书中，将消费者对广告点击意愿和产品购买意愿作为消费者响应的核心测量变量。广告点击意愿反映了消费者点击网络定向广告的意向程度；持续使用意愿反映了消费者对网络定向广告采纳和持续使用的主观倾向和可能性，该消费心理活动能够有效地预测消费者对广告的心理态度和行为。结合前人所做研究和本书分析，本书对广告点击意愿的测量借鉴并改编自 Moon 和 Kim（2001）、Yoo（2007）、Alexander 和 Maik（2015）、朱强和王兴元（2018）所使用的量表，该量表包括三个题项；对于持续使用意愿的测量借鉴并改编自黎志成等（2002）和戴德宝等（2015）所使用的量表，该量表包括两个题项。量表所包含的题项，具体如表6-5 所示。

表 6-5　广告点击意愿和持续使用意愿的测量量表

构念名称	题项	题项内容	参考来源
广告点击意愿	DJY1	我打算点击此平台的网络定向广告	Moon 和 Kim（2001）；Yoo（2007）；Alexander 和 Maik（2015）；朱强和王兴元（2018）
	DJY2	我愿意点击此平台的网络定向广告来获得更多详细信息	
	DJY3	我计划在未来的一段时间内点击并浏览此平台的网络定向广告内容	
持续使用意愿	CSY1	我会继续使用此平台的网络定向广告	黎志成等（2002）；戴德宝等（2015）
	CSY2	我愿意推荐他人使用此平台的网络定向广告	

资料来源：笔者整理。

六、消费者说服知识水平的测量

消费者说服知识是消费者对广告运营商所使用的传播策略以及说服策略的主观理解和信念（Kirmani 和 Zhu，2007）。说服知识水平反映了消费者对网络定向广告所采用技术和所推荐内容的理解程度。结合以往学者的研究和网络定向广告的技术特征和推荐策略，本书对广告点击意愿的测量借鉴并改编自 Bearden 等（2001）、崔耕等（2014）、马淑等（2016）和马宇泽等（2017）所使用的量表，该量表包括五个题项。量表所包含的题项，具体如表 6-6 所示。

表 6-6　消费者说服知识水平的测量量表

构念名称	题项	题项内容	参考来源
说服知识水平	SFZ1	我能够发现此平台的网络定向广告对我个人信息的收集和使用	Bearden 等（2001）；崔耕等（2014）；马淑等（2016）；马宇泽等（2017）
	SFZ2	我了解此平台的网络定向广告的推荐原理	
	SFZ3	我可以识别出此平台的网络定向广告所推荐产品信息的真实动机	
	SFZ4	我可以优化此平台的网络定向广告的推荐机制，使之更好地为我所用	
	SFZ5	对于此平台的网络定向广告，我可以分辨出所推荐的产品信息的真实性	

资料来源：笔者整理。

七、控制变量

为能够有效检验出网络定向广告的精准传播特征对消费者响应的作用机制，保障检验结果的可靠性和有效性，本书选取了其他可能会影响消费者对网络定向广告响应的因素作为控制变量，以期减少并控制其他非重要因素对结果的影响。借鉴以往学者的研究经验，主要选取以下变量作为控制变量：消费者的性别、年龄、学历、职业、网络购物历史和月可支配收入。

先前研究显示，消费者的人口统计特征能够影响其对电子商务系统的认知、态度和采纳等行为。以消费者特征和电子商务系统质量等为角度进行研究，为突出研究重点，学者都将消费者人口统计特征作为控制变量加入研究模型，以期验证核心变量间的影响机制和关系。具体来看，消费者的性别和年龄是影响其对电子商务系统认知、态度和采纳的重要因素。性别在一定程度上反映了消费者的兴趣、爱好，同时年龄在一定程度上反映了消费者的生活经验、阅历等，通常来讲，年龄越大意味着消费者的购物和生活经验越丰富，所具备的电子商务系统知识也就越多（刁塑，2010）。因此，本书将选取消费者的性别、年龄为控制变量。

Milne 和 Rohm（2000）指出，消费者的教育程度能够显著影响其对新兴电子商务态度，教育程度高的消费者对电子商务有着较高的隐私关注。这可能是因为随着消费者所受教育程度的增加，其社会地位和知识都有所增长，进而影响其对电子商务的认知和采纳等行为。因此，本书将消费者所受教育程度选取为控制变量。

消费者的职业在一定程度上反映了消费者的社会地位和收入差异。同时，不同职业的消费者对电子商务、网络广告和网络购物有着不同的看法。因此，本书将消费者的职业选取为控制变量。

消费者的网购历史反映了其对电子商务系统的熟悉和了解程度。具有较长网购历史的消费者具有丰富的网购经验，掌握了较多的网购技巧，对网购有较高的熟悉度。这意味着，网购历史是影响消费者对电子商务认知、态度和采纳等行为的重要因素。因此，本书将消费者的网购历史选取为控制变量。

消费者的收入代表着其购买力。通常在消费者行为学的研究中，学者都将消费者收入作为控制变量。而对于一些消费者（如学生）而言，其可能并未有收入或有着较少的收入，但仍持有较多的其可支配的资金。因此，本书将消费者的月可支配资金选取为控制变量。

第二节　调研问卷的形成

一、调研问卷的设计

本书采用调研问卷进行一手数据的采集工作。在社会科学的研究领域内，问卷调查法已成为常用的数据收集方法。对于调查问卷的设计，应遵循明确性、合理性、可理解性和非诱导性等原则，以便获得客观公正的一手数据。为保证获取数据的质量，通常在问卷设计环节，应开展如下工作：

第一，测量题项的选取与确定。通过上一节可知，对于网络定向广告信息推荐质量的测量，采用本书所自行开发的量表（已通过信度、效度检验），对于消费者功能性价值感知、消费者情感性价值感知、消费者信任、广告点击意愿、采纳意愿和消费者说服知识水平等构念的测量均沿用以往学者所使用的成熟量表。这样，能够有效保证调查问卷的信度和效度水平。

第二，问卷构成设计。在明确测量题项的前提下，将按照情景介绍、问卷正文和人口统计特征的顺序进行问卷设计。首先，通过情景介绍，使消费者明确网络定向广告概念，理解网络定向广告的运行机制，并以图片的形式向消费者展示日常生活常见、常用的网络定向广告类型，以不同类型的网络定向广告为刺激物，以便消费者更好地理解问卷内容。其次，为问卷正文，包括本书的所有变量的相关测量题项，具体包括网络定向广告信息推荐质量、消费者功能性价值感知、消费者情感性价值感知、消费者信任、消费者点击意愿、持续使用意愿和消费者说服知识水平。最后，人口统计特征调查，主要设计被调研者的性别、年龄、学历、职业、购物历史、购物频率和月可支配收入等基本信息。

在本书中，对问卷正文中所涉及题项的测量均采用 Likert-5 点量表，选项赋值分别为："1"表示"非常不同意"、"2"表示"不同意"、"3"表示"一般"、"4"表示"同意"、"5"表示"非常同意"。

二、调研问卷的预测

本书对上文所设计的问卷进行预测试，以确保数据收集质量，避免问卷无效性等问题的出现。预调研目的在于发现问卷中所存在的问题，以及能否收集到真正想得到的数据。本书对问卷进行了预测，以确保题项具有较高的信度和效度水平。以纸质问卷的方式发放 150 份调查问卷，调查对象主要为 20~30 岁的消费者。

剔除无效问卷，预测试共收到有效问卷 126 份，回收率为 84%。李怀祖（2004）指出，信度和效度是评价问卷预测试的重要指标。使用 SPSS 对预测问卷的内部一致性系数检验得出结果，发现变量的 Cronbacha's α 值为 0.761~0.925，皆大于 0.7，这意味着问卷具有较高的信度。同时，使用网络释义（Automatic Meteorological Observing Station，AMOS）对预测问卷进行验证性因子分析得出结果,发现每个题项在其变量下的标准化因子载荷皆大于0.5,且T值大于2,这意味着问卷具有较高的效度。

三、调研问卷的最终形成

根据预测中被调研者的反馈,修改部分语意不明确的题项,使被调研者更容易理解题项的含义。根据题项的相近性,对测量题项的顺序进行了调整,使问卷更加符合消费者的答题习惯。通过以上对问卷的微调,得到了较为完善的网络定向广告信息推荐质量对消费者响应的影响机制研究调查问卷,得到了获取实证检验的数据收集工具,最终调研问卷详见附录。

第三节 调研问卷发放与数据收集

一、样本选取

本书的调查对象主要为具有网购经验的15~50岁的消费人群。对于被调研者的选取主要考虑以下三个因素:一是统计资料显示,15~50岁的网民占到全部网民的80%以上,且有上升趋势;二是该消费人群具有较高的互联网使用经验和购买力,且具有较高的消费者创新性,有兴趣并能够快速理解和应用新技术;三是鉴于客观条件的束缚,在考虑被调研者特征的基础上,采用"滚雪球"和关键联系人的方式对大学生、研究生和社会人员进行了数据收集。

二、数据收集

在明确调研问卷和调研对象的基础上,本书正式调研时间为2017年3月至2017年6月。调研问卷的发放和回收采取纸质问卷和电子问卷相结合的方式。数据收集方式主要如下:

第一,邀请研究生、本科生和社会工作人员进行集中作答的方式。首先使被调研者知晓问卷情景;其次邀请其对问卷题项进行作答。此次调研共发放调研问卷300份,其中,有效问卷为231份。

第二，采用"滚雪球"式数据收集方式，亲友传发的形式，邀请其熟识的人进行问卷填写。此次调研共发放调研问卷400份，其中，有效问卷319份。

综上所述，本次调研共发放700份调研问卷，剔除无效问卷（如作答不完整、明显错误等），回收有效问卷共计550份，有效问卷回收率为71.42%。

第四节　本章小结

首先，基于理论论述和研究假设，对研究模型的变量进行了可操作化定义和量表设计，明确了各个变量测量所使用的题项；其次，通过问卷设计、预测和形成等步骤，确定了数据获取的调研问卷；最后，借鉴统计资料和前人研究经验，明确了被调研的消费者群体，并通过调研问卷的形式获取到了550份有效的一手数据，为研究假设检验打下了基础。

第七章　实证分析

第一节　调查数据质量分析

一、样本人口统计特征的描述性统计分析

对样本数据的描述性分析，有利于从整体角度掌握样本数据的基本情况，把握样本结构，识别异常样本数据，为实证检验模型的构建和结果分析打下夯实的基础。样本数据的描述性分析主要为对被调研者的人口统计特征的描述性分析，包括被调研者的性别、年龄、受教育程度、职业、网购历史和月可支配收入。

本书共收集到550份有效样本数据，由表7-1可知，男性被调研者所占比例为48.4%（266人），女性被调研者所占比例为51.6%（284人）；从被调研者的年龄结构来看，20岁及以下被调研者所占比例为10.7%（59人），21~30岁的被调研者所占比例为70.5%（388人），31~40岁的被调研者所占比例为14.2%（78人），41~50岁的被调研者所占比例为3.1%（17人），51岁以上的被调研者所占比例为1.5%（8人）；从被调研者的学历结构来看，大专及以下所占比例为9.6%（53人），本科所占比例为65.3%（359人），硕士及以上所占比例为25.1%（138人）；从被调研者的职业结构来看，学生所占比例为46.4%（255人），机关、事业单位人员所占比例15.3%（84人），公司职员所占比例为29.1%（160人），其他人员所占比例为9.3%（51人）；从被调研者的月可支配收入来看，月可支配收入小于1500元的被调研者所占比例为53.6%（295人），

月可支配收入为 1501~3000 元的被调研者所占比例为 24.4%（134 人），月可支配收入为 3001~4500 元的被调研者所占比例为 13.1%（72 人），月可支配收入大于 4500 元的被调研者所占比例为 8.9%（49 人）；从被调研者网购经验来看，网购经验小于 1 年的被调研者所占比例为 14.2%（78 人），网购经验为 1~3 年的被调研者所占比例为 26.9%（148 人），网购经验为 3~5 年的被调研者所占比例为 38.0%（209 人），网购经验大于 5 年的被调研者所占比例为 20.9%（115 人）。

表 7-1 样本基本特征的描述性统计分析

变量	类别	频率（人）	百分比（%）	累计百分比（%）
性别	男	266	48.4	48.4
	女	284	51.6	100
年龄	20 岁及以下	59	10.7	10.7
	21~30 岁	388	70.5	81.3
	31~40 岁	78	14.2	95.5
	41~50 岁	17	3.1	98.5
	51 岁及以上	8	1.5	100.0
学历	大专及以下	53	9.6	9.6
	本科	359	65.3	74.9
	硕士及以上	138	25.1	100.0
职业	学生	255	46.4	46.4
	机关、事业人员	84	15.3	61.6
	公司职员	160	29.1	90.7
	其他	51	9.3	100.0
月可支配收入	小于 1500 元	295	53.6	53.6
	1501~3000 元	134	24.4	78.0
	3001~4500 元	72	13.1	91.1
	大于 4500 元	49	8.9	100.0
网购经验	小于 1 年	78	14.2	14.2
	1~3 年	148	26.9	41.1
	3~5 年	209	38.0	79.1
	大于 5 年	115	20.9	100.0

注：N=550。

二、测量题项的统计性描述分析

本书使用 SPSS 19.0 对于每个题项进行描述性统计分析，主要指标包括最小值、最大值、均值、标准差、方差和变异系数，具体如表 7-2 所示。鉴于本书将采用结构方程模型来验证网络定向广告信息推荐质量对消费者响应的直接效应，故所有测量题项对拟合结果都有着重要的影响，从表 7-2 可知，所有测量题项的描述性统计指标符合检验标准，且并未有异常数据。

表 7-2　测量题项的描述性统计分析

题项	最小值	最大值	均值	标准差	方差	变异系数
JZX1	1	5	3.40	0.962	0.925	0.282
JZX2	1	5	3.72	0.858	0.736	0.230
JZX3	1	5	3.84	0.792	0.627	0.206
JZX4	1	5	3.89	0.735	0.540	0.189
SDX1	1	5	3.79	0.847	0.718	0.224
SDX2	1	5	3.26	0.976	0.952	0.300
SDX3	1	5	3.46	0.880	0.775	0.254
SDX4	1	5	3.23	0.949	0.901	0.294
AQX1	1	5	3.19	0.911	0.829	0.286
AQX2	1	5	3.45	0.876	0.767	0.254
AQX3	1	5	3.67	0.811	0.657	0.221
AQX4	1	5	3.67	0.783	0.614	0.214
AQX5	1	5	3.80	0.773	0.598	0.203
GJZ1	1	5	4.17	0.652	0.425	0.156
GJZ2	1	5	4.02	0.681	0.464	0.169
GJZ3	1	5	4.02	0.683	0.467	0.170
GJZ4	1	5	3.64	0.974	0.949	0.268
QJZ1	1	5	3.68	0.882	0.778	0.240
QJZ2	1	5	3.69	0.862	0.743	0.234
QJZ3	1	5	3.65	0.853	0.727	0.234
QJZ4	1	5	3.57	0.899	0.809	0.252
XXR1	1	5	3.92	0.705	0.497	0.180

续表

题项	最小值	最大值	均值	标准差	方差	变异系数
XXR2	1	5	3.78	0.820	0.673	0.217
XXR3	1	5	3.87	0.735	0.540	0.190
SFZ1	1	5	1.92	1.260	1.589	0.655
SFZ2	1	5	1.88	1.311	1.719	0.698
SFZ3	1	5	1.92	1.319	1.739	0.687
SFZ4	1	5	1.81	1.042	1.086	0.576
SFZ5	1	5	1.79	0.981	0.962	0.548
DJY1	1	5	4.03	0.801	0.642	0.199
DJY2	1	5	3.86	0.849	0.720	0.220
DJY3	1	5	3.84	0.911	0.830	0.237
CSY1	1	5	3.47	1.057	1.117	0.304
CSY2	1	5	3.75	0.978	0.957	0.261

注：N=550。

三、共同方法偏差检验

由于每个样本数据来自同一被调研者，容易出现共同方法所导致的系统误差，即共同方法偏差（Common Method Bias，CMB）。这种系统误差会对研究结果产生严重的混淆，并导致研究结论的误导。在本书中，每个样本数据都是由同一消费者所作答，且研究设计为截面数据，更容易出现此种系统误差，进而导致第一类错误或第二类错误的出现。

对于共同方法偏差的检验，常用的检验方法是 Harman 单因子检验。Dobbins（1997）指出，Harman 单因子检验是采用未旋转的主成分分析法对问卷的所有变量进行探索性因子分析，如果第一个因子的解释方差大于50%，则表明存在严重的共同方法偏差。反之，如果第一个因子的解释方差小于50%，表明不存在严重的共同方法偏差（Hair，1998）。借助于 SPSS 19.0 统计分析软件，本书对所有题项做未旋转得探索性因子分析，结果表明，当未旋转时，第一个因子的解释方差为34.344%，小于50%。这意味着，本书的样本数据不存在严重的共同方法偏差。

同时，Bafozzi 等（1991）指出，如果潜变量之间的相关系数绝对值大于 0.9 时，也存在严重的共同方法偏差。潜变量之间的相关系数绝对值皆小于 0.9，这也说明了本书的样本数据不存在严重的共同方法偏差。

第二节　数据的信度和效度分析

为了保证量表工具能够有效地对研究构念进行测量，应先对量表工作进行准确性和一致性的检验（徐淑英等，2008）。信度检验和效度检验是量表与构建间一致性和准确性检验所常用的检验方法。

一、信度检验

信度检验反映了量表工具的稳定性和内部一致性。稳定性是对测量结果不受误差影响程度的反映（美国心理学会，1985：19）；内部一致性反映了测量题项间的相关程度，即检验同一构念下的测量题型是否能够代表该构念。目前，大多数研究都使用内部一致性系数 Cronbach's α 来检验 Likert 式测量问卷的信度。借鉴前人的研究方法，本书也采用内部一致性系数 Cronbach's α 对量表的信度进行检验。Hinkin（1988）指出，当内部一致性系数大于 0.7 时，构念具有较高的可靠性，表明构念信度水平良好。本书借助于 SPSS 19.0 统计分析软件对各个变量的信度水平进行内部一致性检验，得到各个变量的 Cronbach's α 值，如表 7-3 所示。由表 7-3 可知，所有变量的 Cronbach's α 值介于 0.750~0.896，皆大于 0.70，这意味着本书中各个构念皆具有良好的内部一致性和可靠性，量表具有较为良好的信度水平。

表 7-3　各变量的信度检验

变量	题项数量	Cronbach's α 值
精准性	4	0.810
生动性	4	0.802
安全性	5	0.896

续表

变量	题项数量	Cronbach's α 值
消费者功能性价值感知	4	0.839
消费者情感性价值感知	4	0.887
消费者信任	3	0.793
消费者说服知识水平	5	0.854
广告点击意愿	3	0.809
持续使用意愿	2	0.750

注：N=550，Cronbach's α 值由 SPSS19.0 计算结果整理所得。

二、效度检验

效度检验主要包括内容效度、收敛效度和判别效度。其中，内容效度是用来检验量表题项对所要测量题项的反映程度（Haynes 等，1995），收敛效度是用来检验不同题项对同意构建测量结果的相似性；判别效度是用来检验不同变量间的区分度（吴明隆，2010）。

（一）内容效度

内容效度是用来检验量表题项对构念的反映程度。在网络定向广告信息推荐质量量表的开发中，已严格经过市场营销领域内专家和学者的分析和评定，具有较高的内容效度。对于其他变量的测量题项皆借鉴于已发表的学术期刊研究中所使用的成熟量表，且其信度和效度水平已被得到有效证实。同时，在问卷修订过程中，也邀请专家和业界人士对问卷题项提出修改意见，进一步保证了题项对变量测量的准确性。综上可知，所使用的测量量表具有较为良好的内容效度。

（二）收敛效度

收敛效度是用来检验不同题项对同意构建测量结果的相似性。Fornell 和 Larcker（1979）提出，良好的收敛效度需要符合以下三个标准：一是所有标准化的测量项负载值要大于 0.5 且显著（T 值要大于 2）；二是潜变量的平均方差提取值（AVE）要大于 0.5；三是组合信度（CR）大于 0.7。所以，本章将依据因子载荷、平均方差提取值（AVE）和组合信度（CR）三个指标对量表收敛效度进行检验。各个变量的以上三个指标的实际值，如表7-4所示。由表7-4可知，各个潜变量的所包含题项的标准化因子载荷皆大于0.5，且显著（T值远远大于2）；潜变量的平均方差提取值介于0.516~0.681，大于0.5；组合信度（CR）值介于0.779~0.894，大于0.7。由此判断得出，本书的样本数据具有良好的收敛效度。

表7-4　测量题项的收敛效度检验

变量	题项	标准化因子载荷	T值	AVE	CR
精准性	JZX1	0.534	13.109	0.554	0.829
	JZX2	0.826	21.962		
	JZX3	0.854	20.576		
	JZX4	0.721	18.843		
生动性	SDX1	0.507	11.874	0.516	0.806
	SDX2	0.742	17.975		
	SDX3	0.800	20.555		
	SDX4	0.786	19.030		
安全性	AQX1	0.609	15.307	0.612	0.886
	AQX2	0.757	20.133		
	AQX3	0.903	24.150		
	AQX4	0.817	30.979		
	AQX5	0.795	31.401		
消费者功能性价值感知	GJZ1	0.764	18.327	0.523	0.811
	GJZ2	0.792	17.011		
	GJZ3	0.758	16.708		
	GJZ4	0.552	11.349		
消费者情感性价值感知	QJZ1	0.700	19.967	0.681	0.894
	QJZ2	0.815	25.729		
	QJZ3	0.904	26.117		
	QJZ4	0.867	28.643		
消费者信任	XXR1	0.733	19.631	0.564	0.795
	XXR2	0.795	17.924		
	XXR3	0.723	16.444		

续表

变量	题项	标准化因子载荷	T值	AVE	CR
消费者说服 知识水平	SFZ1	0.893	23.598	0.577	0.871
	SFZ2	0.785	18.396		
	SFZ3	0.703	16.929		
	SFZ4	0.640	12.908		
	SFZ5	0.754	17.212		
广告点击意愿	DJY1	0.778	17.727	0.640	0.842
	DJY2	0.851	18.927		
	DJY3	0.770	17.058		
持续使用意愿	CSY1	0.756	14.723	0.630	0.779
	CSY2	0.841	15.859		

注：N=550。

(三) 判别效度

判别效度是用来检验不同变量间的区分度（吴明隆，2010）。对于判别效度检验，Fornell 等（1981）认为，当变量的 AVE 的算数平方根大于变量与其他变量的相关系数绝对值时，表明量表具有良好的判别效度。各个变量的相关系数及 AVE 值的平方根，如表 7-5 所示。由表 7-5 可知，本书的各变量的 AVE 值的平方根皆大于变量与其他变量的相关系数。这意味着量表具有较为良好的判别效度。

表 7-5 各主要变量间相关系数、AVE 值平方根

变量	1	2	3	4	5	6	7	8	9
精准性	1								
生动性	0.519**	1							
安全性	0.494**	0.534**	1						
消费者功能性价值 感知	0.508**	0.449**	0.506**	1					
消费者情感性价值 感知	0.449**	0.473**	0.436**	0.578**	1				

续表

变量	1	2	3	4	5	6	7	8	9
消费者信任	0.510**	0.481**	0.439**	0.679**	0.579**	1			
消费者说服知识水平	0.074	0.102*	-0.014	0.083*	0.156**	0.111*	1		
广告点击意愿	0.380**	0.346**	0.399**	0.527**	0.475**	0.561**	0.121*	1	
持续使用意愿	0.279**	0.319**	0.307**	0.395**	0.495**	0.453**	0.142**	0.618**	1
AVE 值的平方根	0.744	0.719	0.782	0.722	0.825	0.751	0.760	0.801	0.799

注：* 表示 $p < 0.05$，** 表示 $p < 0.01$。

第三节　网络定向广告信息推荐质量对消费者响应的主效应分析

对于网络定向广告信息推荐质量对消费者响应的主效应，使用 SPSS19.0 进行逐步多元回归分析的计量方法进行检验。主要检验信息推荐质量的三个维度分别对广告点击意愿和广告回避意愿的主效应。

首先，由表 7-5 可知，广告点击意愿与精准性（r=0.380，p<0.01）、生动性（r=0.346，p<0.01）及安全性（r=0.399，p<0.01）呈现显著的正相关关系。同时，持续使用意愿与精准性（r=0.279，p<0.01）、生动性（r=0.319，p<0.01）及安全性（r=0.307，p<0.01）也呈现显著的负相关关系。这些相关性分析结果与本书的主效应假设相符，为假设验证提供了初步证据。

其次，为了进一步对主效应做出假设检验。本书将使用逐步多元回归的计量方法进行分析，共构建了四个模型，如表 7-6 所示。

网络定向广告信息推荐质量对消费者的广告点击意愿的主效应分析，本书用表 7-6 中的模型 1 和模型 2 来进行检验。具体而言，模型 1 为因变量只有控制变量的基准模型，模型 2 在基准模型的基础上加入解释变量精准性、生动性和安全性。由表 7-6 可知，精准性（模型 2，β=0.188，p<0.01）、生动性

表 7-6　主效应检验

变量	广告点击意愿				持续使用意愿			
	模型 1		模型 2		模型 3		模型 4	
	β 值	T 值	β 值	T 值	β 值	T 值	β 值	T 值
控制变量								
性别	−0.066	−1.612	−0.035	−0.964	−0.011	−0.270	0.010	0.270
年龄	−0.004	−0.094	0.015	0.394	−0.066	−1.566	−0.048	−1.216
学历	0.042	0.998	0.040	1.063	0.036	0.855	0.038	0.950
职业	0.047	0.998	0.016	0.379	0.035	0.743	0.013	0.305
网购经验	0.147**	3.354	0.149**	3.837	0.053	1.216	0.057	1.385
可支配收入	0.034	0.733	0.017	0.411	0.098	2.092	0.083	1.887
自变量								
精准性			0.188**	4.208			0.102**	2.964
生动性			0.113**	2.469			0.169**	3.511
安全性			0.248**	5.528			0.173**	3.651
R^2	0.034		0.238		0.026		0.154	
ΔR^2	0.034		0.204		0.026		0.128	
F	3.472**		20.443**		2.584*		11.864**	

注：* 表示 $p < 0.05$，** 表示 $p < 0.01$。

（模型 2，β = 0.113，p<0.01）和安全性（模型 2，β = 0.228，p<0.01）对广告点击意愿都有显著的正向影响。由此，假设 H1a、假设 H2a 和假设 H3a 得到支持。

网络定向广告信息推荐质量对消费者的广告持续使用意愿的主效应分析，本书用表 7-6 中的模型 3 和模型 4 来进行检验。具体而言，模型 3 为因变量只有控制变量的基准模型，模型 4 在基准模型的基础上加入解释变量精准性、生动性和安全性。由表 7-6 可知，精准性（模型 4，β = 0.102，P<0.01）、生动性（模型 4，β = 0.169，P<0.01）和安全性（模型 4，β = 0.173，P<0.01）对广告持续使用意愿都有显著的正向影响。由此，假设 H1b、假设 H2b 和假设 H3b 得到支持。

第四节　结构方程模型分析

一、基于结构方程模型的直接效应分析

在网络定向广告信息推荐质量对消费者响应影响的主效应得到验证的基础上，本书用结构方程模型（Structural Equation Modeling，SEM）来检验网络定向广告信息推荐质量对消费者响应的影响机制模型，具体如图 7–1 所示。本书所构建的结构方程模型包括精准性、生动性、安全性、消费者功能性价值感知、消费者情感性价值感知、消费者信任、广告点击意愿和广告持续使用意愿共计八个核心构念，29 个测量题项。由图 7–1 可知，本书的待估参数小于模型自由度，这意味着模型属于过度识别，适合使用结构方程模型来进行假设检验。

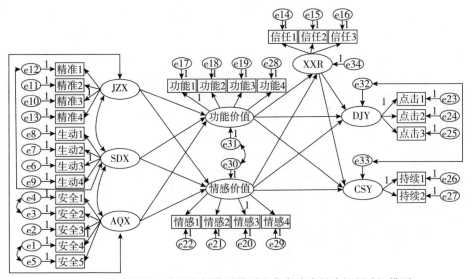

图 7–1　网络定向广告信息推荐质量对消费者响应影响机制验证模型

对于样本数据的结构方程模型分析，本书借助于 AMOS 22.0 进行分析。由表 7–7 可知，所构建的结构方程模型的拟合有度评价指标分别为 $\chi^2/\mathrm{df}=2.985$，

RMSEA = 0.058，IFI = 0.931，RMR = 0.045，CFI = 0.931，NFI = 0.900，GFI = 0.883。从整体来看，拟合指标基本满足要求，所构建结构方程模型与样本数据的匹配度尚可接受。因此，可以接受本书所构建的结构方程模型。

表 7-7　结构方程模型的拟合评价指标汇总

拟合指数	χ^2	df	χ^2/df	RMSEA	IFI	RMR	CFI	NFI	GFI
接受标准			<5	<0.1	>0.9	<0.05	>0.9	>0.9	>0.9
模型拟合	1056.788	354	2.985	0.058	0.931	0.045	0.931	0.900	0.883

本书借助于 AMOS 22.0 统计分析软件，使用最大似然估计法（Maximum Likelihood Estimation，MLE）对所构建模型进行参数估计。根据 AMOS 22.0 的输出结果，整理得到本书所构建的结构方程模型的路径系数表，如表 7-8 所示。

表 7-8　变量间关系路径系数

作用路径	标准化系数	T 值	显著性
GJZ<---JZX	0.331	6.120	***
QJZ<---JZX	0.190	3.573	***
GJZ<---SDX	0.138	2.525	0.012
QJZ<---SDX	0.335	5.881	***
GJZ<---AQX	0.091	0.248	0.804
QJZ<---AQX	0.153	2.792	***
XXR<---GJZ	0.678	11.530	***
XXR<---QJZ	0.284	6.213	***
DJY<---GJZ	0.293	2.843	0.004
DJY<--QJZ	0.100	1.721	0.085
DJY<---XXR	0.365	3.083	0.002
CSY<---GJZ	-0.005	-0.026	0.979
CSY<---QJZ	0.320	4.913	***
CSY<---XXR	0.374	2.835	0.005

注：* 表示 $p<0.05$，** 表示 $p<0.01$。

最后，整理得到本书所构建的结构方程模型图及其变量间标准化系数，如图 7-2 所示。由图 7-2 变量间的标准化路径系数可知，网络定向广告信息推荐质量的精准性维度对消费者功能性价值感知（β=0.331，p<0.001）起到显著的正向作用，假设 H4a 得到了支持性的验证；生动性对消费者功能性价值感知（β=0.138，p<0.01）起到显著的正向作用，假设 H4b 得到了支持性的验证；安全性维度对消费者功能性价值感知（β=0.091，p>0.05）有正向作用但不显著，假设 H4c 没有得到支持性验证。

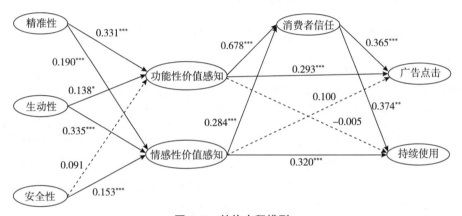

图 7-2 结构方程模型

注：* 表示 p<0.05，** 表示 p<0.01，*** 表示 p<0.001。

网络定向广告信息推荐质量的精准性维度对消费者情感性价值感知（β=0.190，p<0.001）起到显著的正向作用，假设 H5a 得到了支持性的验证；生动性对消费者情感性价值感知（β=0.335，p<0.001）起到显著的正向作用，假设 H6b 得到了支持性的验证；安全性对消费者情感性价值感知（β=0.153，p<0.001）起到显著的正向作用，假设 H5c 得到了支持性的验证。

消费者功能性价值感知对消费者信任（β=0.678，p<0.001）起到显著的正向作用，假设 H6a 得到了支持性的验证；消费者情感性价值感知对消费者信任（β=0.284，p<0.001）起到显著的正向作用，假设 H6b 得到支持性的验证。

消费者功能性价值感知对消费者广告点击意愿（β=0.293，p<0.001）起到显著的正向作用，假设 H7a 得到支持性的验证；消费者情感性价值感知对

消费者广告点击意愿（β=0.100，p>0.05）起到正向作用但不显著，假设 H8a 没有得到支持性验证；消费者信任对消费者广告点击意愿（β=0.365，p<0.001）起到显著的正向作用，假设 H9a 得到了支持性的验证。

消费者功能性价值感知对消费者的广告持续使用意愿（β=-0.005，p>0.05）的影响不显著，假设 H7b 没有得到支持性验证；消费者情感性价值感知对消费者的广告持续使用意愿（β=0.320，p<0.001）起到显著的正向作用，假设 H8b 得到了支持性的验证；消费者信任对消费者的广告持续使用意愿（β=0.374，p<0.01）起到显著的正向作用，假设 H9b 得到了支持性的验证。

二、消费者价值感知、信任对响应影响机制的进一步讨论

通过结构方程模型的构建，对本书所构建理论模型进行了检验。大部分研究假设通过了实证检验。为了深入挖掘在高信息推荐质量的网络定向广告情景下，消费者功能性价值感知和情感性价值感知对消费者响应（广告点击意愿和持续使用意愿）影响机制，本书基于所构建结构方程模型，采用 Bootstrapping 对消费者功能性价值感知、情感性价值感知、消费者信任、广告点击意愿和持续使用意愿间的影响机制做出了进一步讨论。Bootstrapping 是以总样本数据为基础进行有放回抽样，最后以参数平均值作为最后的评估结果。

基于以上所构建结构方程，采用 Bias-Corrected Bootstrap 功能来分析。利用有放回重复随机抽样的统计方法在原样本数据中抽取 5000 个 Bootstrap 数据，进而得到一个近似抽样分布。检验标准为：当 0 包含于路径系数的 95%置信区间时，路径系数不显著；反之，则路径系数显著。在 95%的置信区间下得到各变量间总效应、直接效应和间接效应的 95%置信区间的上限和下限值，具体如表 7-9 所示。

表 7-9　网络定向广告下消费者价值感知、信任对响应的影响机制的进一步分析

测量变量	测量指标	功能性价值感知		情感性价值感知		消费者信任	
	95%置信区间（BC）	下限	上限	下限	上限	下限	上限
消费者信任	总效应	0.551	0.801	0.151	0.411	0.000	0.000
	间接效应	0.000	0.000	0.000	0.000	0.000	0.000
	直接效应	0.551	0.801	0.151	0.411	0.000	0.000

续表

测量变量	测量指标	功能性价值感知		情感性价值感知		消费者信任	
	95%置信区间（BC）	下限	上限	下限	上限	下限	上限
广告点击意愿	总效应	0.380	0.697	0.048	0.349	0.048	0.687
	间接效应	0.050	0.478	0.017	0.227	0.000	0.000
	直接效应	0.031	0.589	−0.062	0.283	0.048	0.667
持续使用意愿	总效应	0.098	0.401	0.283	0.575	0.063	0.667
	间接效应	0.051	0.511	0.024	0.220	0.000	0.000
	直接效应	−0.291	0.268	0.158	0.497	0.063	0.687

　　由表7-9可知，在面对网络定向广告时，消费者功能性价值感知对广告点击意愿的总效应的95%置信区间为（0.380，0.697）不包含0，说明总效应的系数显著，总效应存在；间接效应的95%置信区间为（0.050，0.478）不包含0，说明间接效应的系数显著，消费者信任起到了中介作用；直接效应的95%置信区间为（0.031，0.589）不包括0，说明直接效应系数显著，直接效应存在。这意味着，消费者功能性价值感知对广告点击意愿既有直接效应，也能通过消费者信任的中介效应作用于广告点击意愿。

　　由表7-9可知，在面对网络定向广告时，消费者功能性价值感知对广告持续使用意愿的总效应的95%置信区间为（0.098，0.401）不包含0，说明总效应的系数显著，总效应存在；间接效应的95%置信区间为（0.051，0.511）不包含0，说明间接效应的系数显著，消费者信任起到了中介作用；直接效应的95%置信区间为（−0.291，0.268）包括0，说明直接效应系数不显著，直接效应不存在。这意味着，消费者功能性价值感知对广告持续使用意愿的直接效应不存在，只能通过消费者信任的中介效应作用于广告持续使用意愿。

　　由表7-9可知，在面对网络定向广告时，消费者情感性价值感知对广告点击意愿的总效应的95%置信区间为（0.048，0.349）不包含0，说明总效应的系数显著，总效应存在；间接效应的95%置信区间为（0.017，0.227）不包含0，说明间接效应的系数显著，消费者信任起到了中介作用；直接效应的95%置信区间为（−0.062，0.283）包括0，说明直接效应系数不显著，直接效应不存在。这意味着，消费者情感性价值感知对广告点击意愿的直接效应不存在，只能通过消费者信任的中介效应作用于广告点击意愿。

由表7-9可知，在面对网络定向广告时，消费者情感性价值感知对广告持续使用意愿的总效应的95%置信区间为（0.283，0.575）不包括0，说明总效应的系数显著，总效应存在；间接效应的95%置信区间为（0.024，0.220）不包含0，说明间接效应的系数显著，消费者信任起到了中介作用；直接效应的95%置信区间为（0.158，0.497）不包括0，说明直接效应系数显著，直接效应存在。这意味着，消费者情感性价值感知对广告持续使用意愿既有直接效应，也能通过消费者信任的中介效应作用于广告持续使用意愿。

综上可知，在网络定向广告情景下，消费者功能性价值感知对广告点击意愿存在显著的直接效应，且消费者信任起到了部分中介的作用；消费者功能性价值感知对广告持续使用意愿不存在直接效应，只能通过消费者信任的中介作用来实现。消费者情感性价值感知对广告点击意愿不存在直接效应，只能通过消费者信任的中介作用来实现；消费者情感性价值感知对广告持续使用意愿存在显著的直接效应，且消费者信任起到了部分中介作用。

第五节　说服知识水平的调节效应分析

第一，说服知识水平在信息推荐质量与功能性价值感知之间的调节效应检验。为了验证说服知识水平在网络定向广告信息推荐质量与消费者功能性价值感知之间的调节作用。借鉴罗胜强和姜嬿（2008）的建议，为了减小多重共线性所带来的困扰，对解释变量和调节变量进行中心化处理，并相乘得到三个交互项，分别为精准性×说服知识水平、生动性×说服知识水平、安全性×说服知识水平。本书采用逐步多元回归的计量方法，将消费者功能性价值感知作为因变量，在考虑消费者性别、年龄、学历、职业、网购经验和月可支配收入等控制变量的基础上，逐步将精准性、生动性和安全性等解释变量、消费者说服知识水平这一调节变量，以及精准性×说服知识水平、生动性×说服知识水平和安全性×说服知识水平三个交互项放入多元线性回归模型之中。具体检验结果如表7-10所示。

表 7-10 说服知识水平在信息推荐质量与消费者功能性价值感知之间
调节作用的层级回归结果

变量	消费者功能性价值感知							
	模型 1		模型 2		模型 3		模型 4	
	β值	T 值	β值	T 值	β值	T 值	β值	T 值
控制变量								
性别	-0.089*	-2.178	-0.049	-1.473	-0.054	-1.628	-0.048	-1.478
年龄	-0.025	-0.581	-0.001	-0.016	0.006	0.161	0.004	0.132
学历	-0.029	-0.686	-0.035	-1.017	-0.036	-1.043	-0.037	-1.087
职业	-0.027	-0.566	-0.068	-1.789	-0.071	-1.880	-0.062	-1.659
网购经验	0.067	1.521	0.069	1.966	0.062	1.745	0.071	1.983
月可支配收入	0.096*	2.045	0.070	1.843	0.065	1.705	0.058	1.543
自变量								
精准性			0.285**	7.053	0.284**	7.012**	0.306	7.644
生动性			0.141**	3.399	0.136**	3.281**	0.138	3.367
安全性			0.190	1.417	0.193	1.434	0.167	1.580
调节变量								
说服知识水平					0.042*	2.190	0.005	1.146
交互项								
说服知识水平×精准性							0.162**	4.105
说服知识水平×生动性							0.061	1.456
说服知识水平×安全性							-0.117	-1.760
R^2	0.026		0.373		0.374		0.398	
ΔR^2	0.028		0.347		0.002		0.024	
F	2.610*		38.795**		35.082**		29.719**	

注：* 表示 $p < 0.05$，** 表示 $p < 0.01$。

由表 7-10 可知，在模型 3 基础之上加入三个交互项之后，多元线性回归模型的 R^2 得到提升，增长到 0.398，说明该线性回归模型的拟合有度是可以接受。进一步，由模型 4 可知，在控制了各项变量以及加入解释变量和调节变量后，精准性与消费者说服知识水平的交互项对消费者功能性价值感知具有显著的正向影响（模型 4，β=0.162，T 值=4.105，p<0.01），这表明消费者拥有的说服知识水平越高，精准性对消费者功能性价值感知的正向关系也就越强。由此可知，假设 H10a 得到验证。但是，生动性与说服知识水平的交互性（模型 4，β=0.061，T 值=1.456。p>0.05）、安全性与说服知识水平的交互性（模型 4，β=-0.117，T 值=-1.760，p>0.05）对消费者功能性价值感知的影响效应不显著。由此，假设 H10b 和 H10c 未得到验证。为了更直观地展示消费者说服知识水平对精准性与消费者功能性价值感知的调节作用，绘制了调节效应图，如图 7-3 所示。

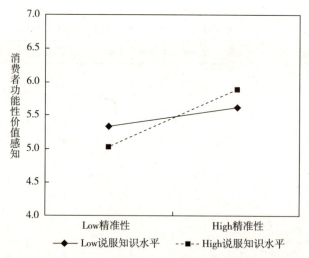

图 7-3 说服知识水平与精准性对功能性价值感知的交叉效应

第二，说服知识水平在信息推荐质量与情感性性价值感知之间的调节效应检验。对于说服知识水平在信息推荐质量与情感性价值感知间调节作用的检验，检验步骤同上，故不赘述。具体检验结果如表 7-11 所示。由表 7-11 可知，在模型 3 基础之上加入三个交互项之后，多元线性回归模型的 R^2 得到提升，增长到 0.339，说明该线性回归模型的拟合有度是可以接受。进一步地，由模型 4 可知，在控制了各项变量以及加入解释变量和调节变量后，精准性与消费者说服知识水平的交互项对消费者情感性价值感知具有显著的正向影响（模型 4，β=0.123，T 值=2.980，p<0.01），这表明消费者拥有的说服知识

水平越高，精准性对消费者情感性价值感知的正向关系也就越强。由此，假设
H11a 得到验证。但是，生动性与说服知识水平的交互性（模型 4，β=−0.073，
T 值=−1.663，p>0.05）、安全性与说服知识水平的交互性（模型 4，β=
−0.002，T 值=−0.040，p>0.05）对消费者情感性价值感知的影响效应不显
著。由此，假设 H11b 和 H11c 未得到验证。为了更直观地展示消费者说服知
识水平对精准性与消费者情感性价值感知的调节作用，绘制了调节效应图，如
图 7−4 所示。

表 7−11　说服知识水平在信息推荐质量与消费者情感性价值感知之间
调节作用的层级回归结果

变量	消费者情感性价值感知							
	模型 1		模型 2		模型 3		模型 4	
	β值	T 值	β值	T 值	β值	T 值	β值	T 值
控制变量								
性别	−0.046	−1.130	−0.013	−0.373	−0.025	−0.735	−0.019	−0.539
年龄	−0.077	−1.834	−0.051	−1.425	−0.037	−1.039	−0.031	−0.871
学历	0.010	0.235	0.007	0.195	0.005	0.140	−0.001	−0.018
职业	0.021	0.445	−0.013	−0.335	−0.021	−0.541	−0.024	−0.606
网购经验	0.063	1.438	0.067	1.810	0.051	1.378	0.066	1.767
月可支配收入	0.109*	2.315	0.079*	2.003	0.068	1.726	0.063	1.604
自变量								
精准性			0.209**	4.972	0.206**	4.907	0.217**	5.180
生动性			0.246**	5.721	0.237**	5.499	0.238**	5.536
安全性			0.201**	4.752	0.209**	4.945	0.203**	4.768
调节变量								
说服知识水平					0.093*	2.545	0.074*	1.996
交互项								
说服知识水平×精准性							0.123**	2.980
说服知识水平×生动性							−0.073	−1.663
说服知识水平×安全性							−0.002	−0.040

续表

变量	消费者情感性价值感知							
	模型 1		模型 2		模型 3		模型 4	
	β值	T 值	β值	T 值	β值	T 值	β值	T 值
R^2	0.032		0.320		0.328		0.339	
ΔR^2	0.032		0.289		0.007		0.011	
F	3.216*		30.805**		28.631**		23.053**	

注：*表示 $p < 0.05$，**表示 $p < 0.01$。

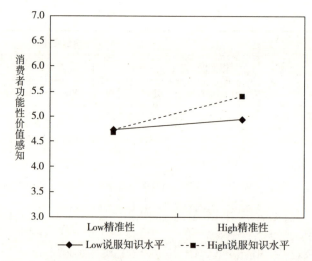

图 7-4　说服知识水平与精准性对情感性价值感知的交叉效应

第六节　研究假设检验结果

一、主效应和直接效应的假设检验结果

在主效应检验上，采用多元逐步回归的计量方法验证了网络定向广告信息

推荐质量的三个维度对消费者响应（广告点击意愿和广告回避意愿）的影响。在直接效应检验上，采用结构方程模型构建了网络定向广告信息推荐质量对消费者响应的影响机制模型。通过对样本数据的实证分析，发现主效应的相关假设得到了数据的支持性验证，直接效应中的多数假设得到了数据的支持性验证，但也有少量研究假设未得到验证。本书的主效应和直接效应的假设检验结果，如表7-12所示。

表7-12 主效应和直接效应的研究假设检验汇总

编号	研究假设内容	检验结论
H1a	精准性对消费者的广告点击意愿有显著的正向影响	支持
H1b	生动性对消费者的广告点击意愿有显著的正向影响	支持
H2a	安全性对消费者的广告点击意愿有显著的正向影响	支持
H2b	精准性对消费者的广告持续使用意愿有显著的正向影响	支持
H3a	生动性对消费者的广告持续使用意愿有显著的正向影响	支持
H3b	安全性对消费者的广告持续使用意愿有显著的正向影响	支持
H4a	精准性对消费者功能性价值感知有显著的正向影响	支持
H4b	生动性对消费者功能性价值感知有显著的正向影响	支持
H4c	安全性对消费者功能性价值感知有显著的正向影响	不支持
H5a	精准性对消费者情感性价值感知有显著的正向影响	支持
H5b	生动性对消费者情感性价值感知有显著的正向影响	支持
H5c	安全性对消费者情感性价值感知有显著的正向影响	支持
H6a	消费者功能性价值感知对消费者信任有显著的正向影响	支持
H6b	消费者情感性价值感知对消费者信任有显著的正向影响	支持
H7a	消费者功能性价值感知对广告点击意愿有显著的正向影响	支持
H7b	消费者功能性价值感知对持续使用意愿有显著的正向影响	不支持
H8a	消费者情感性价值感知对广告点击意愿有显著的正向影响	不支持
H8b	消费者情感性价值感知对广告持续使用意愿有显著的正向影响	支持
H9a	消费者信任对广告点击意愿有显著的正向影响	支持
H9b	消费者信任对广告持续使用意愿有显著的正向影响	支持

网络定向广告信息推荐质量研究

二、调节效应的假设检验结果

在调节效应检验中，本书检验了说服知识水平与网络定向广告信息推荐质量的三个维度对消费者价值感知（包括功能性价值感知和情感性价值感知）间关系的交互效应。在调节效应检验上，主要采用逐步多元回归的计量方法。通过对样本数据的实证分析，发现只有部分调节效应得到了支持性验证。调节效应的假设检验结果，如表7-13所示。

表7-13　调节效应的研究假设检验汇总

编号	研究假设内容	检验结论
H10a	说服知识水平在精准性与消费者功能性价值感知间起正向调节作用	支持
H10b	说服知识水平在生动性与消费者功能性价值感知间起正向调节作用	不支持
H10c	说服知识水平在交互性与消费者功能性价值感知间起正向调节作用	不支持
H11a	说服知识水平在精准性与消费者情感性价值感知间起正向调节作用	支持
H11b	说服知识水平在生动性与消费者情感性价值感知间起正向调节作用	不支持
H11c	说服知识水平在交互性与消费者情感性价值感知间起正向调节作用	不支持

第七节　结果讨论

基于第五章的研究模型构建和相关研究假设推演，本章在采用调研问卷的形式获取一手数据的基础上，借助于SPSS 19.0和AMOS 22.0等统计分析软件，采用逐步多元回归、结构方程模型等计量方法，对第五章所提出的相关研究假设进行了检验。现就实证结果，做出如下讨论：

第一，本书的实证检验都显示，网络定向广告信息推荐质量的精准性、生动性和安全性对消费者的广告点击意愿和持续使用意愿均具有促进作用。由信息推荐质量的三个维度对广告点击意愿和持续使用意愿的实证结果可知，相对于精准性（$\beta_{11} = 0.188^{**}$；$\beta_{21} = 0.102$）和生动性（$\beta_{12} = 0.113^{**}$；$\beta_{22} = $

0.169^{**}），安全性（$\beta_{13} = 0.248^{**}$；$\beta_{23} = 0.173^{**}$）对消费者的网络定向广告点击意愿的影响最大。这意味着，消费者在广告点击和持续使用意愿中考虑更多的因素是安全性，然后才是精准性和生动性。安全性是消费者对广告点击和持续使用的保障因素，而精准性和生动性是消费者对广告点击和持续使用的触发因素。

第二，尽管网络定向广告信息推荐质量的精准性和生动性对消费者功能性价值感知存在显著的正向影响，但安全性对消费者功能性价值感知并不存在显著影响。同时，研究还发现，网络定向广告信息推荐质量的精准性（$\beta = 0.327^{***}$）对消费者功能性价值感知的正向影响比生动性（$\beta = 0.135^{***}$）对消费者功能性价值感知的影响力更大。此外，网络定向广告信息推荐质量的安全性维度对消费者功能性价值感知的影响不显著。这也在一定意义上说明安全性作为保障因素，更多地保障消费者心理安全感知，降低隐私关注和忧患，其对消费者的情感响应发挥着更大的作用，而功能性价值感知主要涉及信息有用性和搜寻成本降低等功能性响应。

第三，网络定向广告信息推荐质量的精准性、生动性和安全性对消费者情感性价值感知皆存在显著的正向影响。同时，从实证检验中还可以看出，生动性（$\beta = 0.335^{***}$）对消费者情感性价值感知的影响力大于精准性（$\beta = 0.191^{***}$）和安全性（$\beta = 0.153^{***}$）对消费者情感性价值感知的影响力。

第四，通过实证分析中的进一步讨论发现，在网络定向广告情境下，消费者功能性价值感知对广告点击意愿存在显著的直接效应，且消费者信任起到了部分中介的作用；消费者功能性价值感知对广告持续使用意愿不存在直接效应，只能通过消费者信任的中介作用来实现。消费者情感性价值感知对广告点击意愿不存在直接效应，只能通过消费者信任的中介作用来实现；消费者情感性价值感知对广告持续使用意愿存在显著的直接效应，且消费者信任起到了部分中介作用。

第五，通过实证分析发现，消费者说服知识水平对精准性与消费者价值感知（功能性价值感知和情感性价值感知）之间的关系起到正向调节作用。这意味着，消费者所拥有的说服知识水平越高，对网络定向广告的信息推荐运行机制和技术越熟悉，精准性对消费者价值感知所发挥的作用也就越大。该结论表明，当消费者对网络定向广告的信息推荐运行机制和技术越熟悉时，越具有较高的自我效能，通过参与推荐内容生成等措施来优化及提升广告内容与偏好的匹配度，此时将会进一步提升消费者的功能性价值感知和情感性价值感知。

第六，实证分析还发现，消费者说服知识水平在生动性与消费者价值感知（功能性价值感知和情感性价值感知）之间的调节效应并不显著，即研究假设H10b和假设H11b未通过实证检验。这可能是由于随着消费者说服知识水平的提升，生动性并未能够进一步提高消费者功能性价值感知和情感性价值感知。这可能是由于说服知识水平的提升，使消费者对网络定向广告的展示形式和展示内容等说服策略更为理解，能够识别出网络定向广告的劝说意图。这也就导致了对于说服知识水平高的消费者而言，生动性并不能够进一步提高消费者功能性价值感知和情感性价值感知。同时，消费者说服知识水平在安全性与情感性价值感知之间的调节作用也不显著，即研究假设H10c和假设H11c未通过实证检验。这可能是由于，随着消费者说服知识水平的提高，其对网络定向广告的信息推荐机制和技术越了解，对于个人隐私数据的安全性问题，更有可能自我采取一些数据安全措施来防止隐私数据的泄露，而非依赖于网络定向广告运营商所提供的安全措施和安全承诺。说服知识水平高的消费者因为具有较多网购经验和技术熟悉度，所以他们容易了解网络定向广告对其数据的收集、分析和使用程序，此时他们的情感性价值感知也会较小程度上受到安全性的影响。

第八节　本章小结

在获取一手数据的基础上，本章借助于 SPSS 19.0 和 AMOS 22.0 等统计分析软件，采用逐步多元回归、结构方程模型等计量方法，对上文所提出的相关研究假设进行了检验。

首先，对样本数据进行了描述性统计分析。其中，包括样本数据的人口统计特征的描述性统计分析和所有测量题项的描述性统计分析。结果显示，样本数据较为符合正态分布，样本数据质量较好，适合进行下一步的计量统计分析。

其次，通过数据质量检验后，本书采用逐步多元回归和结构方程模型分别对研究的主效应和直接效应进行了实证检验。通过实证检验结果可知，网络定向广告信息推荐质量对消费者响应的主效应得到了支持性验证，网络定向广告对消费者响应的影响机制的路径分析中多数假设得到了支持性验证。

最后，采用逐步多元回归的计量方法对研究中的调解效应进行了实证检验。通过实证检验结果可知，说服水平对网络定向广告信息推荐质量与消费者价值感知（功能性价值感知和情感性价值感知）的调节作用中少数假设得到了支持性验证。消费者的说服知识水平越高，网络定向广告信息推荐质量的精准性维度对消费者功能性价值感知和情感性价值感知的影响也就越大。

第八章　研究结论与研究展望

　　本书围绕网络定向广告信息推荐质量、消费者价值感知、消费者信任和消费者响应等相关问题进行研究：第二章对网络定向广告内涵、特征和广告效果、消费者价值感知和消费者信任相关文献进行了梳理和综述；第三章分析了消费者对网络定向广告的认知和影响因素；第四章通过对网络定向广告特征的理论分析，对网络定向广告信息推荐质量进行了概念界定，接着采用扎根理论构建了网络定向广告信息推荐质量的结构维度模型，并开发了网络定向广告信息推荐质量的测量量表；第五章探讨了网络定向广告信息推荐质量对消费者响应的影响机制，并提出相关研究假设；第六章和第七章采用计量统计方法对大样本数据进行统计分析，检验了网络定向广告信息推荐质量对消费者响应的影响机制。本章将基于以上研究内容，对核心研究结果进行归纳和总结，提炼本书的研究结论、理论贡献和管理启示，并对研究的局限性进行剖析以及对未来研究方向进行展望。

第一节　研究结论

　　第一，界定了网络定向广告信息推荐质量的内涵。与传统网络广告相比，网络定向广告通过提高广告内容与消费者的相关性来提升消费者的有用性和易用性感知（Wong 等，2014）。同时，网络定向广告是以对消费者信息数据的收集、分析和使用为技术基础，这也触发了消费者的隐私关注和忧患等，提升了隐私风险感知（Yu 等，2009）。通过对网络定向广告特征的二元性分析，将消费者对网络定向广告信息诉求和安全诉求进行整合，界定了网络定向广告信息推荐质量的内涵。本书认为，网络定向广告信息质量是消费者对所感知到的网络定向广告信息推荐服务的整体性评价。高信息推荐质量的网络定向广告应具有信息与消费者偏好高度匹配和保障消费者信息数据安全两个核心特征。

第二，明确了网络定向广告信息推荐质量的结构维度，即精准性、生动性和安全性。研究结果表明，网络定向广告信息推荐质量并不是简单的一维结构，而是由三个构面所组成的有机整体。因此，采用扎根理论的质性研究方法，构建了网络定向广告信息推荐质量的结构维度模型。具体来看，网络定向广告信息推荐质量包括精准性、生动性和安全性三个维度。明确了三个维度与信息推荐质量间的逻辑关系，即网络定向广告的信息推荐质量外显于精准性，生动性是信息推荐质量的内在要求，安全性是信息推荐质量的内隐条件。其中，精准性是指网络定向广告信息与其需求、偏好等的匹配程度；生动性是指网络定向广告展示形式的创意性和展示内容的相对优势程度；安全性是指网络定向广告在对消费者个人数据的收集、使用和分析过程中，对消费者信息数据的安全保障。并且高信息推荐质量的网络定向广告具有以下四个普遍特征，广告内容的高度匹配、消费偏好可观察性、富有创意的展现形式和降低消费者隐私忧患。

第三，网络定向广告信息推荐质量对消费者响应存在显著的正向影响，且不同维度发挥不同的作用。首先，消费者在广告点击和持续使用意愿中考虑更多的因素是安全性，其次，才是精准性和生动性。这意味着，安全性是消费者对广告点击和持续使用的保障因素，而精准性和生动性是消费者对广告点击和持续使用的触发因素。具体来看，网络定向广告信息推荐质量中的安全性作为保障因素，通过降低消费者的隐私忧患，进而对消费者的情感性价值感知产生积极的作用，最终提升消费者对网络定向广告的响应；网络定向广告信息推荐质量的精准性和生动性两个维度作为触发因素，通过提高内容—需求的匹配度、消费者偏好的可观察性和展示形式的创新性等，进而对消费者的功能性价值感知和情感性价值感知产生积极的作用，最终提升消费者对网络定向广告的响应。

第四，网络定向广告信息推荐质量对消费者响应的影响，通过消费者价值感知和消费者信任产生作用。具体结论如下：

首先，尽管网络定向广告信息推荐质量的精准性和生动性两个维度对消费者功能性价值感知存在显著的正向影响，但安全性对消费者功能性价值感知并不存在显著影响。功能性价值感知是消费者对网络定向广告作为一种信息获取渠道满足其内在导向的消费决策的潜在能力所做出的响应性评价。作为激励因素的精准性和生动性，使网络定向广告通过对消费者信息数据的收集、分析和使用来预测消费者偏好，进而通过创意性的展现形式，向消费者推送具有相对优势，并且与其偏好相匹配的产品或服务信息来满足消费者信息需求，减少消费者信息搜寻成本，最终提升消费者功能性价值感知。同时，网络定向广告信息推荐质量的精准性对消费者功能性价值感知的正向影响比生动性对消费者功能性价值感知的影响力更大。

其次，网络定向广告信息推荐质量的精准性、生动性和安全性对消费者情感性价值感知皆存在显著的正向影响。当网络定向广告具有较高的信息推荐质量时，网络定向广告通过精准性和生动性不仅为消费者提供了较好的广告体验和愉悦感，还通过隐形社会标签（Summers 等，2016）作用向消费者提供了自我表达和社会表达等象征性价值感知；同时，网络定向广告通过安全性减少了消费者的隐私关注和隐私忧患，避免了隐私数据风险感知，进而提升了情感性价值感知。并且网络定向广告信息推荐质量的生动性维度对消费者情感性价值感知的影响力大于精准性和安全性对消费者情感性价值感知的影响力。这意味着，网络定向广告不能仅仅依靠广告内容与消费者偏好的匹配度来提升消费者情感性价值感知，展现形式的创意性和展现内容的相对优势更能提升消费者情感性价值感知。

最后，在网络定向广告情景下，消费者价值感知（功能性价值感知/情感性价值感知）、消费者信任对消费者响应的影响机制存在差异。具体来看，在网络定向广告情景下，消费者功能性价值感知和消费者情感性价值感知这两个核心变量对消费者响应的影响路径具有差异性：消费者功能性价值感知能够直接触发消费者的短期响应（广告点击意愿），消费者情感性价值感知能够直接触发消费者的长期响应（持续使用意愿）；而消费者功能性价值感需要通过消费者信任的中介作用，才能影响到消费者长期响应（持续使用意愿），消费者情感性价值感知需要通过消费信任的中介作用，才能影响到消费者短期响应

（广告点击意愿）。这意味着，网络定向广告如果要获得消费者短期性的广告响应，应着重提升消费者功能性价值感知；如果想进一步获得消费者持续性的广告响应，需要保证消费者功能性价值感知的同时，着重提升消费者的情感性价值感知和消费者信任。

第五，消费者说服知识水平在精准性与消费者价值感知（功能性价值感知和情感性价值感知）关系中起到正向调节作用。这意味着，消费者所拥有的说服知识水平越高，对网络定向广告的信息推荐运行机制和技术越熟悉，精准性对消费者价值感知所发挥的作用也就越大。虽然高信息推荐质量的网络定向广告能够在一定程度上缓解消费者隐私忧患、广告内容与需求不相关等问题，触发消费者的积极响应，但是，由于网络定向广告所固有的技术特征，使高信息推荐质量这种优势对不同消费者而言并非同质，还受到消费者所拥有的说服知识水平等影响。在网络定向广告不断融合新信息技术的背景下，消费者所拥有的说服知识水平也呈现较大的差异。当消费者具有较高的说服知识水平时，消费者对网络定向广告的信息推荐运行机制和技术越熟悉，越具有较高的自我效能，通过参与推荐内容生成等措施来优化及提升广告内容与偏好的匹配度，此时将会进一步提升消费者的功能性价值感知和情感性价值感知。

第二节　管理启示

本书整合性地明确了网络定向广告信息推荐质量的内涵，厘清了其包含维度，即精准性、生动性和安全性。同时也构建了"网络定向广告信息推荐质量—消费者价值感知—消费者信任—消费者响应"的理论模型，并将消费者说服知识水平作为调节变量纳入模型之中进行讨论。本书的研究结论对于不同类型的网络定向广告，如何提升消费者响应、消费者价值感知和消费者信任等具有重要的启示。具体来看，对网络定向广告运营商和广告主的广告效果提升具有以下五方面的管理启示。

第一，网络定向广告运营商不能只注重个性化水平，应以消费者为中心，全面提升网络定向广告信息推荐质量。对于网络定向广告运营商而言，虽然个性化水平能够在一定程度上提升广告内容与消费者的相关性，但是也会触发消费者的隐私忧患。网络定向广告运营商应从消费者对广告信息推荐服务评价的视角，全面提升信息推荐质量的精准性、生动性和安全性三个方面。进而使消费者在面临网络定向广告服务时，既能够通过精准性和生动性满足消费者的信息诉求，又能够通过安全性满足消费者的隐私数据安全诉求。通过高信息推荐质量网络定向广告，展开定向管理、情景对话、数据安全保障，由以广告主和企业为中心向以消费者为中心来触发消费者积极的广告响应。

第二，从消费者视角，提升网络定向广告信息推荐质量的精准性。从业界的实践来看，网络定向广告运营商和技术人员对于精准性的认定，都是以人口统计特征、网络浏览记录和购买记录等个人信息数据为依据，进行广告内容的推广。这就使网络定向广告内容具有一定的滞后性、与情景不一致等弊端，进而导致消费者对广告精准性感知较低。首先，网络定向广告运营商和技术人员应以消费者喜好、潜在需求和情景为定向依据，而以非消费者的某次具体的浏览记录为定向依据，使广告内容具有一定的前瞻性和预测性，以便及时地与消费者所处情景匹配，将能够满足其信息需求的广告内容传递给消费者。例如，电商平台中的网络定向广告可以依据消费者当前的购买记录来预测消费者潜在需求、当下需求等心理层面的因素，进而向消费者推送其具有潜在需求的产品或服务信息。其次，网络定向广告通过对消费者信息数据的收集、分析，进一步地细化来预测消费者的产品属性偏好（如品牌、价格和在线评论等）的不同，在保证其他产品属性与消费偏好相关的条件下，向不同的消费者提供其最看重的产品属性最优的产品或服务信息。例如，对于具有高价格敏感度的消费者，广告运营商可以向其推送与其产品需求相关，且价格较为低廉的产品或服务信息。最后，网络定向广告运营商应设计符合我国消费者的合适的激励措施，鼓励消费者参与推荐内容生成，以提升广告内容与消费者偏好、需求和情景的匹配度。例如，对于具有互动特征的网络定向广告（如社交媒体和电商平台内网络定向广告），应充分发挥消费者的主动性，积极激励消费者参与推荐内容生成，以提升广告内容与消费者偏好、需求和情景的相关性。

第三，使用定向技术来提升网络定向广告信息推荐质量的生动性。首先，视觉感官营销的相关研究表明，消费者的视觉偏好存在差异性。每个人消费者对广告展示形式的创意性有着不同的认知性评价，只有依据消费者的个人喜好所形成的千人千面的展现形式，才能提升消费者对网络定向广告的积极响应。例如，网络定向广告运营商可以通过对消费者个人信息数据的收集、分析来预测消费者所喜好的颜色，并以消费者所喜爱的颜色为广告主题色，进而提升感官刺激。有学者的研究指出，右利手的消费者对位于网页右部的广告评价更高，而左利手的消费者则对位于网页左部的广告评价更高。结合本书的研究结果，网络定向广告运营商也可通过对消费者个人信息数据的收集、分析来预测消费者的习惯用手的偏好，以此为依据决定网络定向广告的位置，进而提升个体消费者对广告的态度和评价。其次，网络定向广告运营商可以通过提升展示内容的相对优势，进而触发消费者的积极广告响应。例如，网络定向广告通过定向技术，寻找消费者未曾关注过或未曾搜寻到的产品或服务信息并进行推荐，以满足消费者多样性购买动机，使消费者发现意想不到的产品或信息，减少消费者对推荐信息的厌倦感。最后，网络定向广告也可借助于社交媒体、门户网站和电商平台的服务功能进行混排，降低消费者感知障碍，做到"最不像广告的广告"。

第四，提升消费者隐私数据收集和保障措施，同时减少消费者对安全性的认知偏差。大数据时代，消费者的产品偏好、生活方式，甚至人际关系等个人隐私数据成了企业关注的对象。这也触发了消费者的隐私被侵犯感知。网络定向广告运营商不仅需要采取有效的技术措施来保障消费者隐私数据的安全，还应减少消费者对信息收集的认知偏差，进而提升安全性感知。首先，网络定向广告运营商可以依据隐私敏感度，对消费者个人信息数据进行分级，区别敏感信息数据（诸如银行账号、身份证号和性取向等）和非敏感信息数据（人口统计特征、地理位置等）。进而有区别地收集消费者个人信息数据，最大限度地减少消费者个人信息数据泄露的可能性。例如，对于不能提升精准性感知和生动性感知的敏感信息数据，广告运营商应采取不收集的策略。其次，网络定向广告应着重提升消费者对隐私数据收集和保障措施的熟悉度，减少消费者对隐私数据收集的认知偏差，减少隐私忧患，进而提升心理安全感知。具体措施如下：①可通过广告行业自律组织，建立有效的第三方监管和认证机制，以标识化的形式展示给消费者，并提升消费者对标识的认知和熟悉度，使消费者知晓该广告运营商的信息收集行为受到监管和约束；②对网络定向广告的推荐内容做出解释（如根据您的以往浏览记录推荐），以提升推荐内容的合理性感知；③以消费者的信息数据安全诉求为核心，发布限制条件少，内容可信，承诺适度并且简单扼要的安全承诺和隐私使用声明，在征得消费者同意后，才能使用消费者不同隐私敏感度的信息数据；④对于网站内网络定向广告（如社交网站内定向广告、电商平台内定向广告），建立消费者个人信息数据平台协助消费者查看、修改和删除数据，以减少消费者隐私忧患；⑤对网络定向广告进行品牌化，树立高隐私数据安全保障的品牌形象，提升消费者信任、数据安全性感知和个人信息共享意愿。

第五，充分挖掘消费者对高信息推荐质量网络定向广告的价值感知。首先，高信息推荐质量的网站内网络定向广告（如社交媒体内定向广告和电商平台内定向广告）基于社交或电商平台，采用数据分析和挖掘技术，动态化地掌握消费者需求及偏好等，应由广告提供者向个人信息服务助手的角色转变，以便更好地满足消费者功能性诉求，带来更强的消费者黏性。其次，高信息推荐质量的定向广告内容使消费者的行为和偏好具有可观察的特征。此时，对消费者而言，定向广告内容具有动态性的象征性价值，这是被学术界和业界所忽视的。广告运营商应积极利用定向广告内容的象征性价值，发掘能够促使消费者使用广告内容进行自我表达和社会表达的营销策略，进而提升消费者的广告响应。例如，2015 年 1 月 25 日微信信息流广告采用定向技术，向不同人口统计特征和属性的消费者推送了宝马汽车、vivo 手机和可口可乐三种不同的品牌广告。有些收到宝马汽车广告的消费者，纷纷在广告下进行互动留言和在朋友圈晒广告截图。这就是消费者通过网络定向广告内容进行自我表达和社会表达的生动真实案例。最后，通过本书的研究结论可知，处于不同发展阶段的网络定向广告应采取不同的策略来实现消费者长期或短期的广告响应。具体来看，网络定向广告运营商如果要获得消费者短期性的广告响应（广告点击意愿），应着重提升消费者功能性价值感知；如果想进一步获得消费者持续性的广告响应（持续使用意愿），需要在保证消费者功能性价值感知的同时，着重提升消费者情感性价值感知和消费者信任。

第三节　研究局限及展望

一、研究局限

本书明确了网络定向广告信息推荐质量的内涵，厘清了其所包含维度，并构建了"网络定向广告信息推荐质量—消费者价值感知—消费者信任—消费者响应"的影响机制，具备一定的创新性。但由于种种主客观条件的限制，本书也存在一定的不足，具体分析如下：

第一，对于实证数据的获取以多种形式的网络定向广告为刺激物，采用调查问卷的形式进行研究。虽然实证数据有效地支撑了理论假设，但在激发消费者对网络定向广告信息推荐质量评价上不如实验法更为有效和准确。因而本书的效度受到了一定影响，后续研究可以考虑使用实验法开展相关研究。

第二，对于消费者价值感知的维度划分，只划分为功能性价值感知和情感性价值感知两大维度。在研究中发现，网络定向广告对消费者还有自我表达的作用，这意味着当面对高信息推荐质量的网络定向广告时，消费者可能还会有象征性价值感知。本书关于网络定向广告信息推荐质量对消费者价值感知的影响研究只是这一方向的初步探索，还须在未来的研究中进一步完善。在未来研究中，可以着重对消费者的象征性价值感知的驱动和后置因素进行详细探究。

第三，本书虽然将消费者说服知识水平作为消费者主要特征引入研究模型之中，但并没有深入探析其他消费者特征，例如，消费者隐私关注等及这些因素所发挥的作用。这也是未来的研究重点。

二、未来研究展望

基于本书的研究结论以及所存在的研究不足和局限，未来可以就以下方面对研究展开进一步的完善与改进。

第一，探究了网络定向广告信息推荐质量对消费者积极响应的影响机制研究。但是，以往学者的研究也指出与传统网络相同，消费者对网络定向广告也具有广告回避等消极响应。在未来研究中，应展开网络定向广告信息推荐质量对消费者广告回避的影响机制研究，以便深化和丰富网络定向广告信息推荐质量的相关理论研究。

第二，未来可以采用实验法来严格控制其他因素的影响，以便获得更加准确有效的一手数据来测量和检验网络定向广告信息推荐质量对消费者响应的影响机制。同时，也可以进一步采用调研问卷的形式获得二手面板数据，进行更加全面、动态的实证检验，以便更全面反映其影响机制。

第三，未来可针对不同类型网络定向广告的信息推荐质量，细化消费者价值感知维度，进而分别、详细地探析不同类型网络定向广告的信息推荐质量——消费价值感知——消费者响应的影响机制，以便为不同类型的网络定向广告提供具体的营销策略。

附录：网络定向广告信息推荐质量研究的正式调研问卷

网络定向广告信息推荐质量对消费者响应的影响机制研究调查问卷

尊敬的女士/先生：

您好！本问卷主要是为了研究网络定向广告信息推荐质量对消费者响应的影响机制的影响，非常感谢您能从百忙之中抽出时间回答此问卷！所有问题没有对错之分，您的回答仅代表您个人的观点。本问卷调查结果仅用于学术研究，不会被用于任何商业用途。本调查完全采用匿名的方式，您的个人回答将会受到严格保密，敬请放心根据自己的真实想法作答。

最后，对您的帮助和大力支持表示衷心感谢！

课题组

第一部分　情景描述

请您仔细阅读以下材料：

随着互联网和大数据技术的发展，在线广告已发展成为能够充分利用大数据技术，收集、分析和使用消费者的性别、年龄、网页搜索记录、网购记录等信息数据，来预测消费者可能喜欢的产品，进而向消费者推送相关产品。网络定向广告的表现形式多种多样，如门户网站的横幅广告、电商平台内网络定向广告（例如，京东、淘宝、美团等 PC 端和 App 中的"猜你喜欢""为你推荐""为你优选"等)、社交媒体内网络定向广告（微信朋友圈内定向广告、微博内定向广告、新闻客户端内定向广告）。网络定向广告的具体形式如以下图片所示。

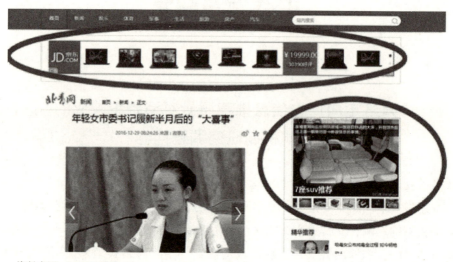

资料来源：hao123 网站。

资料来源：淘宝网。

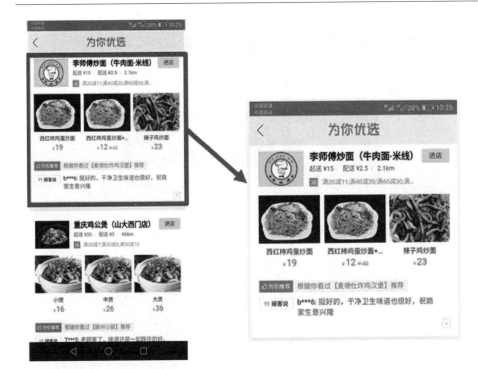

资料来源：美团外卖 App。

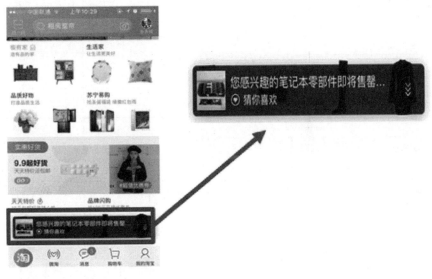

资料来源：手机淘宝 App。

资料来源：今日头条 App。

首先，请您在以下选项中选择一种您经常使用或最为了解的网络定向广告形式作为本问卷的调查对象：

A. 门户网站内网络定向广告

B. 购物网站或 App 内网络定向广告（例如，"为你推荐""猜你喜欢"）

C. 社交网站或软件内网络定向广告（例如，微信朋友圈内广告）

D. 新闻客户端内网络定向广告（例如，头条新闻、一点资讯内定向广告）

第二部分　调研问卷

1. 请根据以上材料和您自身的想法，选择一个您认为最恰当的选项。

问卷题目	完全不同意				完全同意
此平台的网络定向广告所推荐的产品信息符合我的喜好	1	2	3	4	5
此平台的网络定向广告所推荐的产品是我最近关注的产品	1	2	3	4	5
某时某地，此平台的网络定向广告能够帮助我更快地获取附近的产品或服务信息	1	2	3	4	5
此平台的网络定向广告所推荐的产品信息与我的历史浏览记录相关	1	2	3	4	5
此平台的网络定向广告以精美的图片展示了所推荐的产品	1	2	3	4	5
此平台的网络定向广告展示产品的方式会吸引我的注意力	1	2	3	4	5
浏览此平台的网络定向广告会让我发现意料之外的产品	1	2	3	4	5

续表

问卷题目	完全不同意				完全同意
浏览此平台的网络定向广告会令我有耳目一新的感觉	1	2	3	4	5
此平台的网络定向广告会让我知晓对我个人信息收集的内容和用途	1	2	3	4	5
此平台的网络定向广告会让我知晓其对我隐私数据的安全保障措施	1	2	3	4	5
此平台的网络定向广告不会使我的手机（电脑）中毒	1	2	3	4	5
此平台的网络定向广告不会滥用和传播我的个人信息数据	1	2	3	4	5
此平台的网络定向广告能够保障我的信息数据的安全	1	2	3	4	5

2. 请根据以上材料和您自身的想法，选择一个您认为最恰当的选项。

问卷题目	完全不同意				完全同意
此平台的网络定向广告提高了我的信息搜寻效率	1	2	3	4	5
使用此平台的网络定向广告可以节省我的时间和精力	1	2	3	4	5
此平台的网络定向广告有助于我发现更满意的产品	1	2	3	4	5
此平台的网络定向广告的信息有助于我做出购买决策	1	2	3	4	5
浏览此平台的网络定向广告使得网购更加轻松愉悦	1	2	3	4	5
此平台的网络定向广告内容让我感觉赏心悦目	1	2	3	4	5
浏览此平台的网络定向广告会让我发现意想不到的惊喜	1	2	3	4	5
此平台的网络定向广告所推荐的品牌产品与我的个性、兴趣和爱好等相称	1	2	3	4	5

3. 请根据以上材料和您自身的想法，选择一个您认为最恰当的选项。

问卷题目	完全不同意				完全同意
此平台的网络定向广告是诚实的	1	2	3	4	5
此平台的网络定向广告是可靠的	1	2	3	4	5
此平台的网络定向广告是值得信任的	1	2	3	4	5

4. 请根据以上材料和您自身的想法，选择一个您认为最恰当的选项。

问卷题目	完全不同意				完全同意
我打算点击此平台的网络定向广告	1	2	3	4	5
我愿意点击此平台的网络定向广告来获得更多详细信息	1	2	3	4	5
我计划在未来的一段时间内点击并浏览此平台的网络定向广告内容	1	2	3	4	5
我会继续使用此平台的网络定向广告	1	2	3	4	5
我愿意推荐他人使用此平台的网络定向广告	1	2	3	4	5

5. 请根据以上材料和您自身的想法，选择一个您认为最恰当的选项。

问卷题目	完全不同意				完全同意
我能够发现此平台的网络定向广告对我个人信息的收集和使用	1	2	3	4	5
我了解此平台的网络定向广告的推荐原理	1	2	3	4	5
我可以识别出此平台的网络定向广告所推荐产品信息的真实动机	1	2	3	4	5
我可以优化此平台的网络定向广告的推荐机制，使之更好地为我所用	1	2	3	4	5
对于此平台的网络定向广告，我可以分辨出所推荐的产品信息的真实性	1	2	3	4	5

第三部分　背景资料

（1）您的性别：

A. 男　　　　　　B. 女

（2）您的年龄：

A. 20 岁以下　　B. 20~30 岁　　C. 30~40 岁　　D. 40 岁以上

（3）您的学历：

A. 大专及以下　　B. 本科　　　　C. 硕士　　　　D. 博士

（4）您的职业：

A. 学生　　　　　B. 公司职员　　C. 事业单位人员　　D. 公务员

E. 其他

（5）您的网络购物历史：

A. 3 年以下　　　B. 3~5 年　　　C. 5~8 年　　　　D. 8 年以上

（6）您每月可自由支配的收入：

A. 1500 元以下　B. 1501~3000 元　C. 3001~4500 元　D. 4500 元以上

　　再次感谢您在百忙之中抽出宝贵时间回答问卷！祝您生活愉快，身体健康！

参考文献

[1] Aguirre, Elizabeth, Dominik Mahr, Dhruv Grewal, Ko de Ruyter, and MartinWetzels . Unraveling the Personalization Paradox: The Effect of Information Collection and Trust-Building Strategies on Online Advertisement Effectiveness [J]. Journal of Retailing, 2015, 91 (1): 34-49.

[2] Ahrens J, Coyle J R. A Content Analysis of Registration Processes on Websites: How Advertisers Gather Information to Customize Marketing Communications [J]. Journal of Interactive Advertising, 2013, 11 (2): 12-26.

[3] Ansari A, Mela C F. E-Customization [J]. Journal of Marketing Research, 2003, 40 (2): 131-145.

[4] Awad N F, Krishnan M S. The Personalization Privacy Paradox: An Empirical Evaluation of Information Transparency and the Willingness to be Profiled Online for Personalization [J]. Mis Quarterly, 2006, 30 (1): 13-28.

[5] Baek T H, Morimoto M. Stay Away From Me: Examining the Determinants of Consumer Avoidance of Personalized Advertising [J]. Journal of Advertising, 2012, 41 (1): 59-76.

[6] Bang H, Wojdynski B W. Tracking Users' Visual Attention and Responses to Personalized Advertising Based on Task Cognitive Demand [J]. Computers in Human Behavior, 2016 (55): 867-876.

[7] Blei D M, Ng A Y, Jordan M I. Latent Dirichlet Allocation [J]. Journal of Machine Learning Research, 2003 (3): 993-1022.

[8] Bleier A, Eisenbeiss M. The Importance of Trust for Personalized Online Advertising [J]. Journal of Retailing, 2015, 91 (3): 390-409.

［9］Bleier A, Eisenbeiss M. Personalized Online Advertising Effectiveness: The Interplay of What, When, and Where ［J］. Marketing Science, 2015 （5）: 669-688.

［10］Boerman S C, Kruikemeier S, Borgesius F J Z. Online Behavioral Advertising: A Literature Review and Research Agenda ［J］. Journal of Advertising, 2017 （2）: 1-14.

［11］Brahim E B, Lahmandi Ayed R, Laussel D. Is Targeted Advertising always Beneficial ［J］. International Journal of Industrial Organization, 2011, 29 （6）: 678-689.

［12］Butler J C, Dyerb J S, Tomak K. Enabling E-transactions with Multi-attribute Preference Models ［J］. European Journal of Operational Research, 2008, 186 （2）: 748-765.

［13］Chang Hoan Cho. Why do People Avoid Advertising on the Internet? ［J］. Journal of Advertising, 2004, 33 （4）: 89-97.

［14］Chen J, Stallaert J. An Economic Analysis of Online Advertising Using Behavioral Targeting ［J］. MIS Quarterly, 2014, 38 （2）: 42-49.

［15］Chen Q, Feng Y, Liu L, et al. Understanding Consumers' Reactance of Personalized Online Advertising Services: From a Perspective of Negative Effects ［C］. Hawaii International Conference on System Sciences, 2017.

［16］Chen T, Yan J, Xue G, et al. Transfer Learning for Behavioral Targeting ［C］. International Conference on World Wide Web, WWW 2010, Raleigh, North Carolina, Usa, April. DBLP, 2010: 1077-1078.

［17］Cheung W L. Antecedents to Advertising Avoidance in China ［J］. Journal of Current Issues & Research in Advertising, 2010, 32 （2）: 87-100.

［18］Conway J M, Lance C E. What Reviewers Should Expect from Authors Regarding Common Method Bias in Organizational Research ［J］. Journal of Business & Psychology, 2010, 25 （3）: 325-334.

［19］Cook R L, Schleede, J M. Application of Expert Systems to Advertising ［J］. Journal of Advertising Research, 1988, 28 （3）: 47-56.

［20］Cranor L F. P3P: Making Privacy Policies More Useful ［J］. Security &

Privacy IEEE, 2003, 1 (6): 50-55.

[21] Dao V T, Le A N N, Cheng M S. et al. Social Media Advertising Value: The Case of Transitional Economies in Southeast Asia [J]. International Journal of Advertising, 2014, 33 (2): 271-294.

[22] Dinev T, Hart P. Internet Privacy Concerns and Social Awareness as De-terminants of Intention to Transact [J]. International Journal of Electronic Com-merce, 2006, 10 (2): 7-29.

[23] Dine, Hart P. An Extended Privacy Calculus Model for Ecommerce Transaction [J]. Information Systems Research, 2006, 17 (1) : 61-80.

[24] Deerwester S. Indexing by Latent Semantic Analysis [J]. Journal of the Association for Information Science, 1990, 41 (6): 391-407.

[25] Doney P M, Cannon J P. An Examination of the Nature of Trust in Buy-er-Seller Relationships [J]. Journal of Marketing, 1997, 61 (2): 35-51.

[26] Doorn J V, Hoekstra J C. Customization of Online Advertising: The Role of Intrusiveness [J]. Marketing Letters, 2013, 24 (4): 339-351.

[27] Dwoskin, Elizabeth. EU Seeks to Tighten Data Privacy Laws [J]. The Wall Street Journal, 2015 (3): 15.

[28] Dyer J H, Chu W. The Role of Trustworthiness in Reducing Transaction Costs and Improving Performance: Empirical Evidence from the United States, Ja-pan, and Korea [J]. Organization Science, 2003, 14 (1): 57-68.

[29] Eby L T, Dobbins G H. Collectivistic Orientation in Teams: An Individu-al and Group-level Analysis [J]. Journal of Organizational Behavior, 1997, 18 (3): 275-295.

[30] Eisend M. The Third-Person Effect in Advertising: A Meta-Analysis [J]. Journal of Advertising, 2017, 46 (3): 377-394.

[31] Fakharian M. Effect of Perceived Service Quality on Customer Satisfaction in Hospitality Industry: Gronroos' Service Quality Model Development [J]. Journal of Hospitality Marketing & Management, 2013, 22 (5): 490-504.

[32] Friestad M, Wright P. Persuasion Knowledge: Lay People's and Re-searchers' Beliefs about the Psychology of Advertising [J]. Journal of Consumer

Research, 1995, 22 (1): 62-74.

[33] Furby L. Possession in Humans: An Exploratory Study of Its Meaning and Motivation [J]. Social Behavior & Personality An International Journal, 1978, 6 (1): 49-65.

[34] Gallagher K, Parsons J. A Framework for Targeting Banner Advertising on the Internet [C]. Thirtieth Hawaii International Conference on System Sciences. IEEE, 1997: 265-274.

[35] Ganesan S, Hess R. Dimensions and Levels of Trust: Implications for Commitment to a Relationship [J]. Marketing Letters, 1997, 8 (4): 439-448.

[36] Ghose A, Ipeirotis P G, Li B. Designing Ranking Systems for Hotels on Travel Search Engines by Mining User-Generated and Crowdsourced Content [J]. Social Science Electronic Publishing, 2011, 31 (3): 493-520.

[37] Glaser B G, Holton J. The Discovery of Grounded Theory [J]. Strategies for Qualitiative Research, 1967, 3 (6): 377-380.

[38] Guo L. Quantified-self 2.0: Using Context-aware Services for Promoting Gradual Behavior Change [R]. Working Papers of Computers and Society, 2016: 1-18.

[39] Ha Y W, Park M C, Lee E. A Framework for Mobile SNS Advertising Effectiveness: User Perceptions and Behavior Perspective [M]. Taylor & Francis, Inc., 2014.

[40] Haddadi H, Hui, P, Henderson T, Brown I. Targeted Advertising on the Handset: Privacy and Security Challenges [M]. Pervasive Advertising, 2011: 119-137.

[41] Ham C D, Nelson M R. The Role of Persuasion Knowledge, Assessment of Benefit and Harm, and Third-person Perception in Coping with Online Behavioral Advertising [J]. Computers in Human Behavior, 2016 (62): 689-702.

[42] Ham C D. Exploring How Consumers Cope with Online Behavioral Advertising [J]. International Journal of Advertising, 2017, 36 (1): 632-658.

[43] Haynes S N, Richard D C S, Kubany E S. Content Validity in Psychological Assessment: A Functional Approach to Concepts and Methods [J]. Psychologi-

cal Assessment, 1995, 7 (3): 238-247.

[44] Hofmann T. Unsupervised Learning by Probabilistic Latent Semantic A-nalysis [J]. Machine Learning, 2001, 42 (1-2): 177-196.

[45] Idil Yaveroglu, Naveen Donthu. Advertising Repetition and Placement Is-sues in On-Line Environments [J]. Journal of Advertising, 2008, 37 (2): 31-44.

[46] Jai T M, Burns L D, King N J. The Effect of Behavioral Tracking Prac-tices on Consumers' Shopping Evaluations and Repurchase Intention Toward Trusted Online Retailers [J]. Computers in Human Behavior, 2013, 29 (3): 901-909.

[47] Jansen B J, Solomon L. Gender Demographic Targeting in Sponsored Search [C]. International Conference on Human Factors in Computing Systems, CHI 2010, Atlanta, Georgia, Usa, April. DBLP, 2010: 831-840.

[48] Jarvenpaa S L, Tractinsky N, Saarinen L. Consumer Trust in an Internet Store: A Cross-Cultural Validation [J]. Journal of Computer-mediated Communi-cation, 2000, 1 (1-2): 45-71.

[49] Jay (Hyunjae) Yu, Brenda J. Cude. Possible Disparities in Consumers' Perceptions Toward Personalized Advertising Caused by Cultural Differences: U. S. and Korea [J]. Journal of International Consumer Marketing, 2009, 21 (4): 251-269.

[50] Jensen C, Potts C. Privacy Policies As Decision-making Tools: An E-valuation of Online Privacy Notices [C]. Conference on Human Factors in Compu-ting Systems, CHI 2004, Vienna, Austria, April, DBLP, 2004: 471-478.

[51] Jr H E B, Goodstein L D. Measuring Customer Value: Gaining the Stra-tegic Advantage [J]. Organizational Dynamics, 1996, 24 (3): 63-77.

[52] Kazienko P, Adamski M. Ad Rosa-Adaptive Personalization of Web Ad-vertising. Information Sciences, 2007, 177 (11): 2269-2295.

[53] Keller K L. Unlocking the Power of Integrated Marketing Communica-tions: How Integrated Is Your IMC Program? [J]. Journal of Advertising, 2016, 45 (3): 1-16.

[54] Ketelaar P E, Bernritter S F, Riet J V, et al. Disentangling Location-based Advertising: The Effects of Location Congruency and Medium Type on Con-

sumers' ad Attention and Brand Choice [J]. International Journal of Advertising, 2017, 36 (2): 356-367.

[55] Keyzer F D, Dens N, Pelsmacker P D. Is this for Me? How Consumers Respond to Personalized Advertising on Social Network Sites [J]. Journal of Interactive Advertising, 2015, 15 (2): 124-134.

[56] Komiak S Y X, Benbasat I. The Effects of Personalization and Familiarity on Trust and Adoption of Recommendation Agents [J]. Mis Quarterly, 2006, 30 (4): 941-960.

[57] Kumar S, Jacob V S, Sriskandarajah C. Scheduling Advertisements on a Web Page to Maximize Revenue [J]. European Journal of Operational Research, 2006, 173 (3): 1067-1089.

[58] Kumar V, Gupta S. Conceptualizing the Evolution and Future of Advertising [J]. Journal of Advertising, 2016, 45 (3): 1-16.

[59] Kim Bartel Sheehan, Mariea Grubbs Hoy. Flaming, Complaining, Abstaining: How Online Users Respond to Privacy Concerns [J]. Journal of Advertising, 1999, 28 (3): 37-51.

[60] Lafferty J D, Mccallum A, Pereira F C N. Conditional Random Fields: Probabilistic Models for Segmenting and Labeling Sequence Data [J]. Scholarly Commons, 2001: 282-289.

[61] Lambrecht A, Tucker C E. When does Retargeting Work? Information Specificity in Online Advertising [J]. Journal of Marketing Research Jmr, 2013, 50 (5): 561-576.

[62] Lee S, Lee Y, Lee J I, et al. Personalized E-Services: Consumer Privacy Concern and Information Sharing [J]. Social Behavior & Personality An International Journal, 2015, 43 (5): 729-740.

[63] Leon P G, Ur B, Balebako R, et al. Why Johnny Can't Opt Out: A Usability Evaluation of Tools to Limit Online Behavioral Advertising [C]. Sigchi Conference on Human Factors in Computing Systems. ACM, 2011: 589-598.

[64] Li Y, Lin L. Chiu, Enhancing Targeted Advertising with Social Context Endorsement [J]. International Journal of Electronic Commerce, 2014, 19 (1):

99-128.

[65] Li K, Lin Z, Yu Y, Idemudia, E. Intermediated Online Targeted Advertising and Ranking Mechanism for Banner Advertisements Allocation [J]. Information System and E-Business Management, 2012, 10 (2): 183-200.

[66] Liu S Q, Mattila A S. Airbnb: Online Targeted Advertising, Sense of Power, and Consumer Decisions [J]. International Journal of Hospitality Management, 2017 (60): 33-41.

[67] Liu S, Liu P. Targeted Advertising Based on Intelligent Agents in e-Commerce [C]. International Conference on E-Business and Information System Security, IEEE, 2009: 1-4.

[68] Malthouse EC, Li H. Opportunities for and Pitfalls of Using Big Data in Advertising Research [J]. Journal of Advertising, 2017, 46 (2): 227-235.

[69] Mathew S Isaac, Kent Grayson. Beyond Skepticism: Can Accessing Persuasion Knowledge Bolster Credibility? [J]. Journal of Consumer Research, 2017, 43 (6): 895-912.

[70] McDonald, Aleecia M, Lorrie F. Cranor, The Cost of Reading Privacy Policies [J]. Information System: A Journal of Law and Policy for the Information Society, 2008, 4 (3): 543-567.

[71] Mcknight D, Chervany N. What Trust Means in E-Commerce Customer Relationships: An Interdisciplinary Conceptual of Electronic Commerce [J]. International Journal of Electronic Commerce, 2002, 6 (2): 35-59.

[72] Mehrabian A, Russell J A. A Verbal Measure of Information Rate for Studies in Environmental Psychology [J]. Environment & Behavior, 1974 (2): 233-252.

[73] Milne G R, Culnan M J. Strategies for Reducing Online Privacy Risks: Why Consumers Read (or Don't Read) Online Privacy Notices [J]. Journal of Interactive Marketing, 2004, 18 (3): 15-29.

[74] Miyazaki A D. Online Privacy and the Disclosure of Cookie Use: Effects on Consumer Trust and Anticipated Patronage [J]. Journal of Public Policy & Marketing, 2008, 27 (1): 19-33.

[75] Morimoto M, Chang S. Consumers Attitudes Toward Unsolicited Commercial E-mail and Postal Direct Mail Marketing Methods [J]. Journal of Interactive Advertising, 2006, 7 (1): 1-11.

[76] Murthi B P S, Sarkar S. The Role of the Management Sciences in Research on Personalization [J]. Management Science, 2003, 49 (10): 1344-1362.

[77] Noort G V, Smit P E G, Voorveld H A M. The Online Behavioural Advertising Icon: Two User Studies [M] // Advances in Advertising Research (Vol. IV). Springer Fachmedien Wiesbaden, 2013: 365-378.

[78] Pavlou P A, Gefen D. Building Effective Online Marketplaces with Institution-Based Trust [J]. Information Systems Research, 2004, 15 (1): 37-59.

[79] Pavlov D, Pavlov D, Canny J F. Large-scale Behavioral Targeting [C] //ACM SIGKDD International Conference on Knowledge Discovery and Data Mining. ACM, 2009: 209-218.

[80] Perera RE. Optimizing Human-Computer Interaction for the Electronic Commerce Environment [J]. Electron Commerce Research, 2000 (1): 23-44.

[81] Plummer J, Rappaport S, Hall T, et al. The Online Advertising Playbook: Proven Strategies and Tested Tactics from the Advertising Research Foundation [M]. New York: Wiley, 2007.

[82] Pierce J L, Kostova T, Dirks K T. Toward a Theory of Psychological Ownership in Organizations [J]. Academy of Management Review, 2001, 26 (2): 298.

[83] Reijmersdal E A V, Rozendaal E, Smink N, et al. Processes and Effects of Targeted Online Advertising Among Children [J]. International Journal of Advertising, 2017, 36 (3): 396-414.

[84] Robertsson L. Quantified Self: An Overview & the Development of a Universal Tracking Application [D]. Sweden: Department of Computing Science, Umea University, 2014.

[85] Ruckenstein M, Pantzar M. Beyond the Quantified Self: Thematic Exploration of a Dataistic Paradigm [J]. New Media &Society, 2017, 19 (3): 401-418.

[86] Schumann J H, Wangenheim F V, Groene N. Targeted Online Advertising: Using Reciprocity Appeals to Increase Acceptance Among Users of Free Web Services [J]. Journal of Marketing, 2014, 78 (1): 59-75.

[87] Smit, Edith G, Guda Van Noort, Hilde A. Voorveld Understanding Online Behavioral Advertising: User Knowledge, Privacy Concerns, and Online Coping Behavior in Europe [J]. Computers in Human Behavior, 2014 (32): 15-22.

[88] Spiliopoulou M, Mobasher B, Berendt B, Nakagawa M. AFramework for the Evaluation of Session Reconstruction Heuristicsin Web-usage Analysis [J]. INFORMS Journal on Computing, 2003, 15 (2): 171-191.

[89] Summers C A, Smith R W, Reczek R W. An Audience of One: Behaviorally Targeted Ads as Implied Social Labels [J]. Journal of Consumer Research, 2016, 43 (1): 1-12.

[90] Sweeney J C, Soutar G N. Consumer Perceived Value [J]. International Journal of Pharmaceutical & Healthcare Marketing, 2001, 6 (2): 167-190.

[91] Tam K Y, Ho S Y. Understanding the Impact of Web Personalization on User Information Processing and Decision Outcomes [J]. Mis Quarterly, 2006, 30 (4): 865-890.

[92] Thaler, Richard H. Mental Accounting and Consumer Choice [J]. Marketing Science, 1985, 4 (3): 199-214.

[93] Tucker C E. Social Networks, Personalized Advertising, and Privacy Controls [J]. Social Science Electronic Publishing, 2014, 51 (5): 546-562.

[94] Turow J, King J, Hoofnagle C J, et al. Americans Reject Tailored Advertising and Three Activities that Enable It [J]. Available at SSRN1478214, 2009.

[95] Ur B, Leon P G, Cranor L F, et al. Smart, Useful, Scary, Creepy: Perceptions of Online Behavioral Advertising [C] // Eighth Symposium on Usable Privacy and Security, ACM, 2012.

[96] Voorveld H A M, Noort G V. Social Media in Advertising Campaigns: Examining the Effects on Perceived Persuasive Intent, Campaign and Brand Responses [J]. Journal of Creative Communications, 2014, 9 (3): 253-268.

[97] Wedel M, Kannan P K. Marketing Analytics for Data-rich Environments

[J]. Journal of Marketing, 2016, 80 (6): 97-121.

[98] Westin A F. Social and Political Dimensions of Privacy [J]. Journal of Social Issues, 2003, 59 (2): 431-453.

[99] White T B, Zahay D L, Thorbjørnsen H, et al. Getting Too Personal: Reactance to Highly Personalized Email Solicitations [J]. Marketing Letters, 2008, 19 (1): 39-50.

[100] William O, Bearden, David M. Hardesty Rose. Consumer Self-Confidence: Refinements in Conceptualization and Measurement [J]. Journal of Consumer Research, 2001, 28 (1): 121-134.

[101] Wood S L, Lynch J G. Prior Knowledge and Complacency in New Product Learning [J]. Journal of Consumer Research, 2002, 29 (3): 416-426.

[102] Wottrich V M, Verlegh P W J, Smit E G. The Role of Customization, Brand Trust, and Privacy Concerns in Advergaming [J]. International Journal of Advertising, 2017, 36 (1): 60-81.

[103] Wu K W, Huang S Y, Yen D C, et al. The Effect of Online Privacy Policy on Consumer Privacy Concern and Trust [J]. Computers in Human Behavior, 2012, 28 (3): 889-897.

[104] Xiao B, Benbasat I. Research on the Use, Characteristics, and Impact of e-Commerce Product Recommendation Agents: A Review and Update for 2007-2012 [C] // Handbook of Strategic e-Business Management. Springer Berlin Heidelberg, 2014: 403-431.

[105] Yan J, Liu N, Wang G, et al. How Much Can Behavioral Targeting Help Online Advertising? [C]//International Conference on World Wide Web, WWW 2009, Madrid, Spain, April. DBLP, 2009: 261-270.

[106] Yih W T, Goodman J, Carvalho V R. Finding Advertising Keywords on Web Pages [C]// International Conference on World Wide Web, WWW 2006, Edinburgh, Scotland, Uk, May. DBLP, 2006: 213-222.

[107] Yoon V Y, Hostler R E, Guo Z, et al. Assessing the Moderating Effect of Consumer Product Knowledge and Online Shopping Experience on Using Recommendation Agents for Customer Loyalty [J]. Decision Support Systems, 2013, 55

(4)：883-893.

[108] Zeithaml V A. Consumer Perceptions of Price, Quality, and Value：A Means-End Model and Synthesis of Evidence [J]. Journal of Marketing, 1988, 52 (3)：2-22.

[109] Zhang H, Guerrero C, Wheatley D, et al. Privacy Issues and User Attitudes towards Targeted Advertising：A Focus Group Study [J]. Human Factors & Ergonomics Society Annual Meeting Proceedings, 2010, 54 (19)：1416-1420.

[110] Zhang J, Wedel M, Pieters R. Sales Effects of Attention to Feature Advertisements：A Bayesian Mediation Analysis [J]. Journal of Marketing Research, 2009, 46 (5)：669-681.

[111] Zhang J, Wedel M. The Effectiveness of Customized Promotions in Online and Offline Stores [J]. Journal of Marketing Research, 2013, 46 (2)：190-206.

[112] Zuiderveen Borgesius F J. Improving Privacy Protection in the Area of Behavioral Targeting [M]. Amsterdam：Kluwer Law Inearnational, 2015.

[113] 陈晓萍, 徐淑英, 樊景立. 组织与管理研究的实证方法 [M]. 北京：北京大学出版社, 2008.

[114] 程龙龙. 基于 LDA 的行为定向广告投放算法研究 [D]. 沈阳：辽宁大学硕士学位论文, 2014.

[115] 曹丽, 李纯青, 高杨等. 积分联盟感知价值及其影响因素对客户忠诚的影响：价格敏感度的调节作用 [J]. 管理评论, 2016, 28 (2)：103-115.

[116] 查先进, 张晋朝, 严亚兰. 微博环境下用户学术信息搜寻行为影响因素研究——信息质量和信源可信度双路径视角 [J]. 中国图书馆学报, 2015, 41 (3)：71-86.

[117] 陈昊, 李文立, 柯育龙. 社交媒体持续使用研究：以情感响应为中介 [J]. 管理评论, 2016, 28 (9)：61-71.

[118] 陈明亮, 蔡日梅. 电子商务中产品推荐代理对消费者购买决策的影响 [J]. 浙江大学学报 (人文社会科学版), 2009, 39 (5)：138-148.

[119] 陈全, 张玲玲, 石勇. 基于领域知识的个性化推荐模型及其应用研究 [J]. 管理学报, 2012, 9 (10)：1505-1509.

［120］成英玲，甲鲁平．Web 2.0 时代广告精准营销探析［J］．新闻界，2008（1）：136-137.

［121］储节旺，郭春侠，徐咖．体感信息：概念、特征及管理研究［J］．情报杂志，2014（11）：148-153.

［122］崔耕，庄梦舟，彭玲．莫让网评变为"罔评"：故意操纵网络产品评论对消费者的影响［J］．营销科学学报，2014（1）：21-34.

［123］戴德宝，刘西洋，范体军．"互联网+"时代网络个性化推荐采纳意愿影响因素研究［J］．中国软科学，2015（8）：163-172.

［124］邓晓懿．移动电子商务个性化服务推荐方法研究［D］．大连：大连理工大学博士学位论文，2012.

［125］董大海，杨毅．网络环境下消费者感知价值的理论剖析［J］．管理学报，2008，5（6）：856-861.

［126］杜伟强，于春玲，赵平．论坛客观性与网络口碑接收者的态度［J］．心理学报，2011，43（8）：953-963.

［127］范思，鲁耀斌，胡莹莹．社交媒体环境下一致性与社交性对信息流广告规避的影响研究［J］．管理学报，2018，15（5）：759-766.

［128］房莉杰．制度信任的形成过程——以新型农村合作医疗制度为例［J］．社会学研究，2009（2）：130-148.

［129］冯春阳．信任、信心与居民消费支出——来自中国家庭追踪调查数据的证据［J］．现代财经，2017（4）：76-90.

［130］冯芷艳，郭迅华，曾大军等．大数据背景下商务管理研究若干前沿课题［J］．管理科学学报，2013，16（1）：1-9.

［131］甘春梅，钟绮桐，罗婷予．社会化商务环境下消费者信任形成的影响因素研究［J］．情报科学，2017（4）：68-73.

［132］高芙蓉，高雪莲．国外信息技术接受模型研究述评［J］．研究与发展管理，2011，23（2）：95-105.

［133］高华超．消费者目标与信息建构对消费者购买意向的影响研究［A］//中国管理现代化研究会.第五届（2010）中国管理学年会——市场营销分会场论文集［C］．中国管理现代化研究会：中国管理现代化研究会，2010.

［134］高晓倩，王丽娟．在线交易中价格框架对消费者感知价值影响的实

证研究 [J]. 价格理论与实践, 2014 (5): 112-114.

[135] 郭婷婷, 万君, 吴正祥等. 感知价值对用户 LBS 广告接受意愿的影响研究——基于关系类型的调节作用 [J]. 统计与信息论坛, 2015, 30 (9): 89-94.

[136] 郭心语, 刘鹏, 周敏奇等. 网络广告定向技术综述 [J]. 华东师范大学学报 (自然科学版), 2013 (3): 93-105.

[137] 洪亮, 任秋圜, 梁树贤. 国内电子商务网站推荐系统信息服务质量比较研究——以淘宝、京东、亚马逊为例 [J]. 图书情报工作, 2016 (23): 97-110.

[138] 黄斐, 王佳. 基于感知价值的消费者接受行为模型和实证研究 [J]. 商业研究, 2013, 55 (6): 19-27.

[139] 贾雷, 涂红伟, 周星. 消费者信任修复研究评介及展望 [J]. 外国经济与管理, 2012 (1): 57-64.

[140] 贾哲敏. 扎根理论在公共管理研究中的应用: 方法与实践 [J]. 中国行政管理, 2015 (3): 90-95.

[141] 蒋玉石, 张红宇, 贾佳等. 大数据背景下行为定向广告 (OBA) 与消费者隐私关注问题的研究 [J]. 管理世界, 2015 (8): 182-183.

[142] 蒋玉石. 网络行为定向广告对消费者态度影响的实证研究——以隐私关注为调节变量 [J]. 社会科学家, 2017 (1): 58-66.

[143] 金立印. 服务保证对顾客满意预期及行为倾向的影响——风险感知与价值感知的媒介效应 [J]. 管理世界, 2007 (8): 104-115.

[144] 鞠宏磊, 黄琦翔, 王宇婷. 大数据精准广告的产业重构效应研究 [J]. 新闻与传播研究, 2015 (8): 98-106.

[145] 康瑾, 郭倩倩. 消费者对互联网行为定向广告的感知价值研究 [J]. 国际新闻界, 2015, 37 (12): 140-153.

[146] 雷星晖, 张伟. 电子商务平台顾客感知价值对购买行为及企业未来销售的影响 [J]. 上海管理科学, 2012, 34 (4): 27-33.

[147] 李怀祖. 研究生教学用书: 管理研究方法论 (第2版) [M]. 西安: 西安交通大学出版社, 2004.

[148] 李东进, 张宇东. 消费领域的量化自我: 研究述评与展望 [J]. 外

国经济与管理，2018，40（1）：3-17.

　　［149］李慧东．互联网行为定向广告效果影响因素研究——以搜寻品为例
［D］．北京：北京邮电大学硕士学位论文，2012.

　　［150］李凯，王晓文．隐私关注对旅游网站个性化服务的影响机制研究
［J］．旅游学刊，2011，26（6）：80-86.

　　［151］李凯，严建援，林漳希．信息系统领域网络精准广告研究综述
［J］．南开管理评论，2015，18（2）：147-160.

　　［152］李雅筝．在线教育平台用户持续使用意向及课程付费意愿影响因素
研究［D］．合肥：中国科学技术大学博士学位论文，2016.

　　［153］李志刚，李兴旺．蒙牛公司快速成长模式及其影响因素研究——扎
根理论研究方法的运用［J］．管理科学，2006，19（3）：2-7.

　　［154］梁静．消费者说服知识研究述评［J］．外国经济与管理，2008，30
（7）：39-44.

　　［155］林渊渊．互联网信息冗余现象［J］．当代传播（汉文版），2004
（5）：58-60.

　　［156］刘登福，成全．网络定向广告研究现状及趋势探析［J］．情报探
索，2015（10）：34-38.

　　［157］刘家国，刘巍，刘潇琦等．基于扎根理论方法的中俄跨境电子商务
发展研究［J］．中国软科学，2015（9）：27-40.

　　［158］刘建花．消费者响应企业社会责任的内在机理研究［D］．济南：
山东大学博士学位论文，2014.

　　［159］刘倩．基于客户关系发展阶段的推荐系统特性需求分析［D］．武
汉：华中科技大学博士学位论文，2011.

　　［160］鲁耀斌，于建红．网上信任概念及影响因素综述［J］．科技管理研
究，2005，25（12）：256-259.

　　［161］骆婕茹．广告—情境一致性和社会影响对网络行为定向广告态度的
影响研究［D］．成都：西南交通大学硕士学位论文，2016.

　　［162］马庆国，王凯，舒良超．积极情绪对用户信息技术采纳意向影响的
实验研究——以电子商务推荐系统为例［J］．科学学研究，2009，27（10）：
1557-1563.

[163] 马泽宇，王琳，张永强等．拟人化沟通对新产品采纳的影响效应研究［J］．科学学与科学技术管理，2017，38（8）：133-143.

[164] 倪宁，金韶．大数据时代的精准广告及其传播策略——基于场域理论视角［J］．现代传播，2014，36（2）：99-104.

[165] 庞隽，毕圣．广告诉求—品牌来源国刻板印象匹配度对品牌态度的影响机制［J］．心理学报，2015，47（3）：406-416.

[166] 邱琪，王永贵．象征价值研究回顾与核心概念辨析［J］．管理学报，2013，10（6）：905-912.

[167] 沈维梅．网络精准广告的发展及困惑［J］．新闻界，2010（1）：184-185.

[168] 史旻昱．基于 RSS 的个性化网络广告推荐系统研究［D］．武汉：华中科技大学博士学位论文，2008.

[169] 宋红娟，柳萌，蒋玉石．消费者屏蔽个性化网络广告的影响因素分析［J］．软科学，2017（12）：108-111.

[170] 宋卓赟．隐私关注对行为定向网络广告传播效果的影响研究［D］．上海：东华大学硕士学位论文，2014.

[171] 苏凇，孙川，陈荣．文化价值观、消费者感知价值和购买决策风格：基于中国城市化差异的比较研究［J］．南开管理评论，2013，16（1）：102-109.

[172] 孙鲁平，张丽君，汪平．网上个性化推荐研究述评与展望［J］．外国经济与管理，2016，38（6）：82-99.

[173] 孙强，司有和．网上购物顾客感知价值构成研究［J］．科技管理研究，2007，27（7）：185-187.

[174] 涂红伟，杨爽，周星．自我效能感对渠道转换行为的作用机制——转换成本的中介作用［J］．消费经济，2013（2）：36-40.

[175] 铁翠香．网络口碑效应实证研究——基于信任和感知价值的中介作用［J］．情报科学，2015（8）：72-78.

[176] 王崇，吴价宝，王延青．移动电子商务下交易成本影响消费者感知价值的实证研究［J］．中国管理科学，2016，24（8）：98-106.

[177] 王丹萍，庄贵军，周茵．集成调节匹配对广告态度的影响［J］．管理科学，2013，26（3）：45-54.

[178] 王军, 徐敏娟. 网络信息对顾客价值感知的作用机理研究 [J]. 图书情报工作, 2013, 57 (16): 94-99.

[179] 王璐, 高鹏. 扎根理论及其在管理学研究中的应用问题探讨 [J]. 外国经济与管理, 2010, 382 (12): 10-18.

[180] 王沛, 陈淑娟. 组织心理所有权与工作态度和工作行为的关系 [J]. 心理科学进展, 2005 (6): 72-77.

[181] 王松, 王瑜, 李芳. 社会化电子商务情境下信息过载对用户消极使用行为的影响——基于倦怠和抗拒的中介 [J]. 企业经济, 2019 (3): 50-57.

[182] 王巍, 曹锦丹. 信息服务环境下用户感知价值的构成体系 [J]. 图书馆学研究, 2017 (5): 93-96.

[183] 王永贵, 邱琪. 象征价值的内涵、维度与关键影响因素研究——基于国际权威期刊文献的回顾与综述 [J]. 南京社会科学, 2013 (4): 21-28.

[184] 望海军. 品牌信任和品牌情感: 究竟谁导致了品牌忠诚? ——一个动态研究水 [J]. 心理学报, 2012, 44 (6): 830-840.

[185] 温忠麟, 侯杰泰, 马什赫伯特. 结构方程模型检验: 拟合指数与卡方准则 [J]. 心理学报, 2004, 36 (2): 186-194.

[186] 吴明隆. 结构方程模型——AMOS 实务进阶 [M]. 重庆: 重庆大学出版社, 2010.

[187] 吴水龙, 何雯雯, 洪瑞阳等. 社会型拟人化信息对消费者购买意向的影响机制研究 [J]. 管理工程学报, 2018, 32 (4): 63-70.

[188] 肖莉. 针对不同产品类别的网络广告的互动性和生动性对广告效果的影响 [D]. 武汉: 武汉大学硕士学位论文, 2004.

[189] 徐小龙. 虚拟社区初始信任构建策略 [J]. 上海金融学院学报, 2017 (2): 109-120.

[190] 杨莉明, 徐智. 社交媒体广告效果研究综述: 个性化、互动性和广告回避 [J]. 新闻界, 2016 (21): 2-10.

[191] 杨永清, 张金隆, 聂磊等. 移动增值服务消费者感知风险维度实证研究 [J]. 工业工程与管理, 2011, 16 (1): 91-96.

[192] 杨一翁, 孙国辉, 王毅. 消费者愿意采纳推荐吗? ——基于信息系

统成功—技术接受模型 [J]. 中央财经大学学报, 2016 (7): 109-117.

[193] 俞林, 孙明贵. 商场购物环境、顾客感知价值与企业竞争优势关系研究 [J]. 统计与信息论坛, 2014, 29 (4): 106-112.

[194] 俞淑平. 网络定向广告投放算法研究 [D]. 杭州: 浙江大学硕士学位论文, 2010.

[195] 张大勇. 个性化网络广告推荐技术研究评述 [J]. 哈尔滨工业大学学报 (社会科学版), 2009 (5): 108-112.

[196] 张洪, 鲁耀斌, 闫艳玲. 社会化购物社区技术特征对购买意向的影响研究 [J]. 科研管理, 2017, 38 (2): 84-92.

[197] 张建强, 仲伟俊, 梅姝娥. 不同渠道模式下的企业定向广告决策 [J]. 系统工程, 2012 (12): 57-63.

[198] 张建强, 仲伟俊, 梅姝娥. 基于顾客认知的定向广告模型 [J]. 东南大学学报 (英文版), 2012, 28 (4): 490-495.

[199] 张晴柔. 社交网络中个性化广告: 特点、感知价值及存在问题分析 [J]. 中国市场, 2017 (11): 215-217.

[200] 张喆, 胡冰雁. 感知风险对创新产品信息搜寻的影响——消费者创新性的调节作用 [J]. 管理评论, 2014, 26 (8): 145-157.

[201] 赵宏霞, 王新海, 周宝刚. B2C 网络购物中在线互动及临场感与消费者信任研究 [J]. 管理评论, 2015, 27 (2): 43-54.

[202] 赵江, 梅姝娥, 仲伟俊. 基于不同定向精度的企业定向广告投放策略 [J]. 系统工程学报, 2016, 31 (2): 155-165.

[203] 赵江, 梅姝娥, 仲伟俊. 基于策略性消费者不同行为的动态定向广告投放研究 [J]. 软科学, 2015, 29 (3): 115-119.

[204] 赵江. 基于电商平台的定向广告投放机制和策略研究 [D]. 南京: 东南大学博士学位论文, 2015.

[205] 赵丽娟. 网络行为定向广告对消费者态度及隐私关注影响的实证研究——基于 TAM 和 TTF 整合视角 [D]. 成都: 西南交通大学硕士学位论文, 2017.

[206] 赵曙光. 社交媒体广告的转化率研究: 情境因素的驱动力 [J]. 新闻大学, 2014 (4): 105-111.

[207] 赵文军, 易明, 王学东. 社交问答平台用户持续参与意愿的实证研

究——感知价值的视角 [J]. 情报科学, 2017 (2): 69-74.

[208] 郑文清, 胡国珠, 冯玉芹. 营销策略对品牌忠诚的影响: 顾客感知价值的中介作用 [J]. 经济经纬, 2014, 31 (6): 90-95.

[209] 周良, 王璇, 王宁. 个性化推荐的时效性与推荐质量: 博弈论的视角 [J]. 现代管理科学, 2015 (5): 112-114.

[210] 周涛, 鲁耀斌. 隐私关注对移动商务用户采纳行为影响的实证分析 [J]. 管理学报, 2010, 7 (7): 1046-1051.

[211] 周象贤, 孙鹏志. 网络广告的心理传播效果及其理论探讨 [J]. 心理科学进展, 2010, 18 (5): 790-799.

[212] 邹周. 个性化营销中用户的名字如何影响购买意向? [D]. 武汉: 武汉大学硕士学位论文, 2018.

[213] 赵太阳. 自我威胁情境下控制感对消费者商品选择偏好和消费倾向的影响研究 [D]. 长春: 吉林大学博士学位论文, 2018.

[214] 朱瑾, 王兴元. 品牌社群对顾客价值感知和创新的影响研究 [J]. 商业经济与管理, 2012, 1 (6): 52-61.

[215] 朱强, 王兴元. 产品创新性感知对消费者购买意愿影响机制研究——品牌来源国形象和价格敏感性的调节作用 [J]. 经济管理, 2016 (7): 107-118.

[216] 朱强, 王兴元. 隐私关注对网络精准广告点击意愿影响机制研究——消费者风险感知和自我效能的作用 [J]. 软科学, 2018, 30 (4): 109-113.

[217] 朱书琴. 定制程度对个性化广告效果影响研究 [D]. 蚌埠: 安徽财经大学硕士学位论文, 2014.

[218] 朱松林. 论行为定向广告中的网络隐私保护 [J]. 国际新闻界, 2013, 35 (4): 94-102.

[219] 邹德强, 王高, 赵平等. 功能性价值和象征性价值对品牌忠诚的影响: 性别差异和品牌差异的调节作用 [J]. 南开管理评论, 2007, 10 (3): 4-12.

后　记

　　回顾本书的撰写之路，经历了喜悦、痛苦和彷徨，收获了学识、体验和成长。在播种、耕耘和收获过程中，长辈和朋友给予我太多的帮助甚至资助，而我回报甚少，深感惭愧。谨借此书，聊表谢意！

　　首先，感谢我的博士研究生导师王兴元教授。跟随王老师的四年求学路，老师的言传身教，使我收获甚多。在学术研究上，王老师不仅注重对我们基础学科理论知识和能力的提升，还在我们的期刊论文和学术论文的选题、撰写中倾注了大量的时间和精力。"桃李不言，下自成蹊"，没有比这句话更能贴切地表达我对王老师做学问以及做人的崇拜之情。

　　其次，感谢对我学业以及生活上给予很大帮助的杨蕙馨教授、王益民教授、谢永珍教授、陈志军教授、王德胜教授、徐凤增教授和路军伟教授等诸位管理学院的老师。无论是授课还是讲座，老师们的观点总能给人一种耳目一新、如沐春风的感觉，甚是惬意。同时，也感谢老师们在本书构思和写作过程中所提出的众多宝贵意见和建议，使本书得以不断完善。

　　最后，感谢对本书撰写提供必不可少帮助的上海工程技术大学领导和同事。正是他们的大力帮助，才使我对网络定向广告的研究进一步深化，从而使本书顺利成稿。

朱　强

2020 年 4 月